당당한 공직자, 똑똑한 직장인

힘드니까 월급 준다

당한 공직자, 똑똑한 직장인

힘드니까 월급 준다

펴낸날 초판 1쇄 2025년 2월 20일

지은이 권영조
펴낸이 서용순
펴낸곳 이지출판

출판등록 1997년 9월 10일
등록번호 제300-2005-156호
주소 03131 서울시 종로구 율곡로6길 36 월드오피스텔 903호
대표전화 02-743-7661 팩스 02-743-7621
이메일 easy7661@naver.com
디자인 김민정
인쇄 ICAN

ⓒ 2025 권영조

값 17,000원

ISBN 979-11-5555-244-5 03320

당당한 공직자, 똑똑한 직장인

힘드니까 월급 준다

권영조 지음

이지출판

◉ 프롤로그

지금부터 100년 후를 생각해 보았다. 100년 후인 2125년이면 이 글을 읽는 독자와 필자, 필자가 알고 있는 사람 대부분은 이 세상에 없을 것이다. 100년이 아니라 50년 뒤면 필자와 아내, 친구도 없을 것이다. 내가 모르는 사람들이 지금 내가 사는 집에서 살거나 이 집터에 새로운 건물이 생기고 새로운 사람이 살고 있을 것이다. 내 자식의 자식의 자식인 후손들은 나를 모를 것이고, 사진이나 동영상으로 목소리와 모습을 볼 수도 있겠지만 함께 살아보지 않았기 때문에 감정도 관심도 없을 것이다. 필자 또한 할아버지의 아버지는 모르니까 말이다.

1989년 5월부터 20여 년간 근무한 한국생명공학연구원[이하 '생명(연)']은 필자의 첫 직장으로, 일을 배우고 다양한 사람과 소통하고 세상을 배우면서 지금의 필자를 만들었다. 그리고 생명(연) 근무 경력을 바탕으로 2008년 9월 한국보건의료연구원[이하 '보의(연)'] 설립 준비팀(총 7명)에 합류하면서 기관 설립(2008. 12. 23.)에 힘을 보탰다. 다양한 제도를 수립하고 사옥 마련, 기관 안정화와 두 번의 사옥 이전 과정을 거치면서 15년이 지났다.

그동안 예산과 공간, 직원 수도 늘었고, 5명의 기관장이 임명과 퇴임을 맞았으며, 지금은 6번째 기관장(이재태 원장)이 재임 중이다. 필자가 주로 근무한 경영지원실은 다른 부서에 비해 역할의 변화가 적었음에도 설립 첫해와 비교하면 구성원의 99%가 바뀌었고, 전체 직원 역시 퇴직과 신규 입사를 거치면서 95% 이상이 바뀌었다.

설립된 지 40년 차인 생명(연)과 16년 차인 보의(연)도 100년 후에 존재해 있을지 모를 일이다. 만일 존재한다면 지금 우리가 하던 일을 누군가가 하고 있을 것이다. 업무 규모나 방식, 절차가 변할 수는 있겠지만, 공공기관으로서 100년 후에도 공정하고 투명하게 운영되어야 할 것이다.

물론 미래의 그 사람들은 필자와 현재 구성원들을 모를 것이다. 그러니 잠시 하던 일을 멈추고 생각해 보자. 지금 내가 고민하는 것과 어렵게 추진하는 것들은 기관의 역사를 만드는 중요한 일이다. 미래의 사람들은 우리가 이뤄 놓은 기반 위에서 업무를 수행할 것이다. 그들을 위해서라도 업무를 대하는 태도나 사람을 대하는 방식 등에 신중해야 할 것이다. 사소한 일에 화내지 말고 주변 동료들에게 너그럽고, 세상 사람에게 관대하게 살아가길 바란다. 미래의 그 사람들이 100년 전 선배들이 어떻게 조직을 만들고 운영하고 성장시켰는지 이야기하고 감사해할 수 있게 말이다.

이 책에는 두 공공기관에서 근무한 필자의 35년간의 여정이 담겨 있다. 필자가 근무한 두 곳은 과학기술과 보건의료 발전을 통해 국민의 삶의 질을 개선하고 대한민국의 국격을 높이기 위하여 각자의 위치에서 자기 역할을 다하는 전문가들로 구성되어 있다.

그리고 공공기관이 무엇인지, 그 안에서의 생활은 어떠했는지를 사례로 알아보고, 공공기관에서 일하기를 희망하는 사람들에게 도움이 될 만한 정보, 취업할 때의 마음가짐과 준비 사항, 조직에 어떻게 적응해야 성공할 수 있는지에 대한 노하우, 인사 평가와 승진을 위한 조건, 성공 팁 등을 필자의 경험을 바탕으로 꼼꼼히 정리했다. 아울러, 공공기관 재직자들의 마음 자세와 긍정적인 행동, 미래를 위해 무엇을 어떻게 준비해야 하는지도 사례를 중심으로 자세히 소개했다.

그리고 서로 다른 사람들이 모여 일하는 환경에서 구성원의 행동 유형에 따른 개성과 역량, 사고방식 등을 존중하고 협력하는 방법을 모색해 보았다. 업무 수행 과정에서 발생하는 구성원들과의 갈등 이유를 점검해 보고 해결 방법을 사례로 들었다. 또, 조직에서 필요한 말하기 능력에 대해 필자가 20여 년간 스피치 강사로 3천여 명의 교육생을 배출하면서 터득한 스피치 스킬을 공개했다. 그러면서 자신만의 표현 방식과 소통 노하우, 직장생활 꿀팁을 공유하고자 한다.

그동안 필자의 직장생활도 순탄하지만은 않았다. 너무 힘들어서 포기하고 싶을 때도 많았지만 그때마다 꿋꿋이 일어섰다. 지금의 자리에 오르기까지 여러 난관을 견디고 성장할 수 있었던 이유는 사랑하는 가족이 있기 때문이고, 직장에 대한 사명감과 그 자리에 꼭 필요한 사람으로 인정받기 위한 헌신적인 노력도 있었다. 그 역할이 끝나가는 즈음에 그간의 활동을 이렇게 글로 정리할 수 있어서 감사할 뿐이다.

　이 책이 공공기관에 입사하고자 하는 분들에게 조금이나마 도움이 되길 바라고, 지금 공공기관에 근무하고 있는 분들에게는 그동안의 직장생활을 되짚어 보고 미래를 위해 준비하고 성장하는 계기가 되길 바란다. 이 책이 나오기까지 뒷바라지해 준 아내와 두 딸, 인터뷰에 응해 주신 모든 퇴직 선배님, 생명(연)과 보의(연) 동료들에게도 감사 인사를 전한다.

2025년 2월

저자 권영조

◉ 차례

제3부 갈등을 조직 성장의 기회로

제4부 잘 말하는 능력이 나를 만든다

제5부 나만의 공공기관 필살기

제1부

공익을 위한 조직들

공공기관(公共機關)이 뭐야? | 기관 운영을 위한 의사결정구조
취준생이 부러워하는 안정적인 근로 환경 | 순환 근무, 약일까 독일까?
상급기관 감사를 받아야 하는 이유

◉

    100년, 1000년 후에도 국가가 존재하는 한 공공기관은 존재할 수밖에 없다. 또, 어떤 형태로든 조직이 만들어지면 직원을 채용하고 관리해야 한다. 그렇게 만들어진 공공기관에 근무하는 임직원은 공직자(公職者)다. '공직'이란 국가기관이나 공공단체의 일을 맡아보는 직책이나 직무를 말한다. '부정청탁 및 금품 등 수수의 금지에 관한 법률'(약칭 부정청탁법)에 따르면 "공직자는 사적 이해관계에 영향을 받지 아니하고 직무를 공정하고 청렴하게 수행하여야 한다"라고 명시되어 있다.

    대부분 자신에게 부여된 업무를 법과 규정, 절차에 따라 적절하게 수행하지만, 자칫 남용되면 이해관계자에게 갑질이 될 수도 있어 신중하면서도 겸손함이 필요하다. 그런데도 법과 규정에 따라 업무를 수행하다 보니 국민과 이해관계자에게 본의 아니게 폐쇄적이면서 부정적으로 인식되기도 한다. 두 경계선이 모호할 것 같지만 공직자에게 부여된 역할을 자신의 편의와 이익을 위해 쓰면 일탈이나 비위행위가 될 수 있고, 이해관계자에게는 그 행위가 갑질로 느껴질 수도 있다.

    보편타당한 기준을 적용해서 업무 수행에 따른 권한을 공익을 위해 쓰는 것은 공직자로서 당연한 의무다. 결국 자신이 하는 업무가 공익을 위한 것이니 자부심을 갖고 희생과 봉사정신,

사명감으로 임해야 한다.

　그래서 공무원은 합격과 동시에 '인사혁신처' 산하 '국가공무원인재개발원'에서 신규 공직자에게 필요한 공직 가치의 내재화와 국민을 위한 봉사자로서의 올바른 자세를 익히고, 정부 정책의 실무자로서 업무 수행에 필요한 지식을 습득한다. 또, 정책 실무 역량을 향상시키기 위한 전반적인 교육(7급 신규자 과정 기준*)을 5주 동안 이수하고 각 부처나 지자체로 배치된다.

　반면에, 기관마다 차이는 있겠지만 공공기관에서 채용하는 직원은 해당 기관에서 실시하는 기관의 개요와 부서 소개, 인사 복무 관련 주의사항 등에 대한 교육만 받고 현업 부서에 배치되는데, 공무원과 비교하면 공직자로서의 조직 충성도는 낮은 편이다. 하지만 민간과 달리 법과 규정에 따라 정부와 국민을 위한 업무를 수행하면서 자부심은 높은 편이다.

팩트 체크

* **7급 신규자 과정(총 153시간)** : 국정 비전과 공직 가치(54시간), 직무 전문성(64시간), 성장 잠재력(35시간)에 대한 교육. 국가공무원인재개발원 2024년 교육운영계획(2024. 2월 기준)

공공기관(公共機關)이 뭐야?

공기업과 준정부기관, 기타 공공기관의 차이는 뭘까? 이 용어에 대해 일반인은 물론 언론사 기자들도 혼동해서 쓰는 경우가 많다. 필자도 이 글을 쓰면서 개념 정리를 확실히 할 수 있었다.

공공기관은 정부가 출자하여 설립하거나 재정을 지원하는 기관을 말한다. 여기에 공단, 공사, 주식회사, 연구원, 재단 등 국가의 감독 아래 국민과 관계있고 사회 발전을 위해 다양한 일을 처리하는 모든 기관을 가리킨다. 즉, 정부의 출연·출자 또는 재정 지원 등으로 설립·운영되는 기관으로 '공공기관의 운영에 관한 법률(이하 '공운법', 2007. 1. 19. 제정) 제4조 1항의 요건에 해당하면서 기획재정부장관이 지정한 기관을 의미한다. 기관 분류 기준은 정부의 지원 규모나 설립 목적, 활동 범위 등에 따라 다르다. 이 요건들은 결국 인과관계(因果關係)가 있어 정부 지원이 많을수록 상대적으로 운영의 자율성은 떨어진다.

개인의 이익[私益]보다는 공공의 이익[公益]을 목적으로 구성·운영한다. 즉, 공무를 수행하는 기관은 공무원과 공기업, 준정부기관, 기타 공공기관까지 포함하는 개념이다.

필자가 처음 취업한 1989년 5월만 해도 공공기관의 개념이 없었다. 이 명칭은 공무원도 민간기업도 아닌데 정부와 관계된 일을 하거나 국민 세금으로 운영되는 기관들을 통칭하면서 일명

준공무원으로도 불렸다. 하지만 '공운법'이 제정되면서 공공기관의 범위와 유형 등이 명확해졌다. 그러면서 매년 1월 말 기획재정부가 대상기관을 지정·고시하고 관리하기에 이르렀다 (세부 내용은 2025년 공공기관 현황 참조, 255쪽).

전체 공공기관 중 정원 300명을 기준으로 그 이상이면 공기업과 준정부기관으로 구분하고, 300명 미만이면 모두 기타 공공기관이 된다. 공기업은 정원 외에 총수입액 200억 원, 자산 규모가 30억 원 이상이면서 총수입 중 자체 수입이 50% 이상인 기관을 말한다. 즉, 정부로부터 50% 미만의 출자를 받아 상대적으로 자율적인 조직이라 할 수 있는데, 여기에는 한국가스공사를 비롯한 한국도로공사, 한국조폐공사, 한국전력기술㈜, 한국방송광고진흥공사 등 31개 기관이다. 이들을 굳이 시장에 맡기지 않고 공(公)과 사(私)의 성격을 띠게 한 것은 가스, 전기, 도로, 철도, 항만, 자원 등을 시장에서 자율경쟁에 맡길 때 독과점과 가격담합 등 여러 가지 문제로 국민에게 피해를 줄 수 있기 때문이다.

그런데 수익사업이 주된 업무인 공기업도 자산 규모와 자체 수입 비중에 따라 시장형 공기업*과 준시장형 공기업**으로 구분한다. 그 이유는 스스로 돈도 잘 벌고 규모가 큰 기관은 시장형 공기업이고, 그보다 상대적으로 규모는 작지만 돈을 벌고 있는 곳을 준시장형 공기업으로 분리하고 있다.

준정부기관은 정원 300명, 총수입액이 200억 원, 자산 규모가 30억 원 이상이면서 총수입 중 자체 수입 비중이 50% 미만인 공공기관으로, 수익보다는 정부 출연금에 많이 의존하면서 공공사업을 주로 수행하고 있다. 이들 기관도 기금을 관리하고 있는지에 따라 다른데 국민체육진흥공단, 한국무역보험공사, 국민연금공단, 공무원연금공단 등 직접 기금을 관리하는 기관은 '기금관리형 준정부기관'이고, 한국장학재단, 한국연구재단, 국민건강보험공단, 국립공원공단, 한국도로교통공단 등은 정부 부처에서 해야 할 일을 위탁받아 수행하는 '위탁집행형 준정부기관'이다.

공기업은 공공성과 이익 창출을 동시에 이뤄야 하지만, 준정부기관과 기타 공공기관은 국가 행정 업무 중 특수하거나 전문성이 필요한 업무를 담당함으로써 이익보다는 행정의 효율성을 목적으로 운영한다. 이것은 정부가 비대해지는 것을 막고 행정의 효율을 높이기 위한 것이다.

하지만 한국은행과 한국방송공사(KBS)는 공공기관이 아니다. 한국은행은 한국은행법(1950. 5. 5. 제정)에 따라 설립된 무자본 특수법인이고, KBS는 방송법(1987. 11. 28. 제정)에 따라 설립됐다.

팩트 체크

* **시장형 공기업** : 자산 규모 2조 원 이상, 자체 수입 비중이 85% 이상인 기관으로 한국석유공사, 한국공항공사 등 14개 기관.
** **준시장형 공기업** : 시장형 공기업을 제외한 공기업으로 자체 수입 비중이 50% 이상 85% 이하인 기관으로 한국마사회, 한국철도공사 등 17개 기관.

이 두 기관은 법률상 정부조직법에 따라 설립된 기관은 아니나 '중앙은행'과 '언론'이라는 특성상 중립성과 자주성이 요구되기 때문에 정부에 종속시키지는 않지만 사실상 공공기관으로 분리·관리되고 있다.

기타 공공기관은 공기업과 준정부기관같이 수입 기준을 적용하기에 적절하지 않거나 자율성을 보장해 줘야 할 공공의 목적이 있다고 판단될 때 정부가 지정·운영하는 기관으로, 국무조정실 산하 25개 기관과 기획재정부 산하 2개 기관, 교육부 산하 22개 기관 등 총 243개 기관이 있다.

기관 운영을 위한 의사결정구조

공공기관 운영과 관련한 핵심적인 사항을 필자가 근무한 두 곳에서의 경험에 비추어 정리하면 아래와 같다. 단, 기관의 규모나 구조, 인력과 예산 등에 따라 일부 다를 수도 있다는 점을 염두에 두고 읽어 주기 바란다.

공공기관의 대표(차관급)는 임기제로 대부분 외부 인사를(내부 직원이 기관장이 되는 경우도 아주 드물게 있음) 상급 중앙부처장이 임명한다. 3년 임기로 교체하는 것이 일반적이지만 드물게 연임되는 경우도 있다. 기관장은 기관 운영의 최고 책임자로 인사를 비롯한 많은 부문에 영향을 미친다. 그들이 취임해서 의욕적으로 일을 추진하지만 그중 일부는 규정과 절차에 따라 할 수 없는 것들도 있다. 민간기업에서는 오너가 원하는 일을 직원이 할 수 없다고 하는 경우는 거의 없다. 하지만 공공기관에서는 기관장이라 해도 할 수 없는 일이 많다.

가장 큰 것이 예산인데, 매년 기관 운영에 필요한 기본 인건비와 경상비(經常費, 회계연도마다 반복적으로 지출되는 경비)를 비롯해 각종 사업비를 관할 부처와 협의하고 기획재정부가 정해준 예산이 정부안으로 반영된다. 여기서 끝이 아니라 국회 심의가 남아 있어 해당 상임위원회[생명(연)은 과학기술정보방송통신위원회, 보의(연)은 보건복지위원회]와 본회의에서 최종 통과(법정시한 12월 2일)될 때까지 관련 의원실에 추가예산을 요구하고 증액에 대한 설명을 통해 증액도 가능하지만, 기재부에서 확정된 예산도 국회 심의 과정(소위원회, 계수조정위원회, 전체회의)에서 삭감될 수 있으므로 국회 본회의 통과 시까지 안심할 수 없다.

또, 각종 법률과 규정 등으로 이미 정형화된 부분이 많아 기관장이 직원들의 연봉이나 성과급을 마음대로 인상하거나 인하할 수 없고, 정부(기획재정부나 주무 부처)가 정한 규정 내에서 추진되고 운영될 뿐이다. 법인카드 역시 클럽이나 단란주점, 노래방 등의 유흥업소에서는 사용할 수 없는 클린카드(clean card)를 사용하고 있어 기관장 마음대로 쓸 수 없다. 특히 기관장 업무추진비는 분기별로 알리오*에 등록하게 돼 있어 모든 국민이 정부

부처 장·차관과 지자체장, 모든 공공기관장의 법인카드 사용 내역을 확인할 수 있다.

의사결정 과정에도 많은 제약이 따른다. 중요 사항은 기관장이 많은 것을 결정하고 집행하지만, 모든 공공기관은 조직 신설이나 주요 사업 신설, 신규 인력 요구 등 중요한 의사결정을 할 때 상위기관인 주무 부처(주무 부서)와 사전 협의를 해야 한다. 조직을 신설하거나 상위직 부서장 자리 하나 만드는 것도 주무 부처 협의 없이는 불가능하고, 신규 사업 예산 확보와 정규직 인력 증원은 주무 부처 외에 기획재정부와의 협의가 추가로 필요하다. 결국, 주무 부처는 기관 설립에서부터 예산과 인력, 고유 사업 등의 주요 의사결정 과정에 깊숙이 관여한다.

특히, 기관장 선임을 위한 '임원추천위원회' 구성에서부터 채용 공고, 서류와 면접 심사에도 주무 부처가 관여한다. 상황이 이러하다 보니 주무 부처의 영향력은 넓고 깊다고 할 수 있다. 이런 의사결정 과정을 거쳐 기관을 운영하고 인력과 예산 범위에서 사업을 수행하기 때문에 중간에 사업 내용이나 예산을 변경하더라도 주무 부처의 사전 보고나 승인을 받아야 한다.

차관급 기관장이긴 하지만 주무 부처 장관 또는 차관을 직접

팩트 체크

* **알리오(ALIO, All Public Information In-One)** : 공공기관의 운영 관련 주요 정보를 인터넷을 통해 종합적으로 파악할 수 있도록 2006년 6월부터 시행한 시스템.

만나는 것은 임명장 받을 때와 별도의 업무 보고나 취임 인사, 신년하례 등이 아니면 굳이 만날 일이 없다. 실질적으로 장·차관 이하의 실·국장을 통해 기관장과 의사소통하는 경우가 일반적이다. 주무 부처 담당 과장은 정부 정책뿐 아니라 산하기관의 운영과 사업 선정에서 매우 중요한 실무적 권한을 갖고 있고, 그를 보좌하는 담당 사무관(5급)과 신뢰를 쌓아 소통하면 굳이 장·차관이나 실·국장을 만나지 않고도 많은 일을 처리할 수 있다. 담당 사무관은 비고시 출신으로 7급에서 승진하는 사람도 있으나 대부분 행정고시 출신(5급 사무관)으로 모든 정부 정책의 최초 기획자이자 주체로서 부처 산하 각 기관의 부서장과 팀장이 직접 소통하면서 업무를 수행한다.

공공기관의 업무 프로세스를 잘 알고 있는 관료 출신의 기관장이나 공공기관 경험이 풍부한 기관장의 경우, 주무 부처의 의견이 중요하다는 것을 잘 알기 때문에 자기 의견을 제시하되 주무 부처 의견을 확인해서 진행하라고 지시하기도 한다. 이 과정에서 주무 부처 담당 사무관이나 과장 의견을 무시하거나 마찰이 생기면 실무를 처리하는 부서장이나 팀장이 어려움을 겪을 수 있고 기관에 미치는 영향도 매우 크므로 유념해야 한다.

이렇게 공공기관의 의사결정은 기관 내부 의사결정도 중요하지만 주무 부처와 기획재정부, 때로는 국무조정실이나 국회(상임위원회)까지 다양한 의견을 반영해야 하는 복잡하고 미묘한 면이 있다. 사주(社主, CEO)의 뜻에 따라 일사불란하게 움직이는 민간기업과는 큰 차이가 있다. 그렇지만 기관 운영에 대한 일반적인 사항이나 조직 관리, 인사관리, 사업관리 등 기관 운영과 관련된 사항은 내부 규정과 지침, 절차에 따라 처리하되 대부분 기관장의 경영철학을 반영해서 운영하고 있다.

취준생이 부러워하는 안정적인 근로 환경

필자가 처음 사회에 진출한 1989년 5월만 하더라도 공공기관에 대한 인식이 낮았다. 그때는 86아시안게임과 88올림픽게임 이후로 우리 사회가 문호를 대폭 개방하고 급성장하는 시기로, 한국전력이나 한국마사회 등은 그때나 지금이나 좋은 직장임은 틀림없다.

2006년 6월 처음 공개된 알리오 시스템을 통해 공공기관 운영 현황이 20개 항목으로 공시되었는데 2011년 34개 항목, 2024년은 48개 항목으로 늘어나 공공기관에 대한 인식이 점차 확대되고 있다. 2007년 4월부터 '공운법'이 시행되면서 공공기관의 분류가 명확해지고 기관 경영평가가 공기업에서 준정부기관, 기타 공공기관까지 확대·시행되면서 공공기관에 대한 국민의 인식이 많이 달라졌다. 특히, 고용시장이 불안해지면서 상대적으로 안정적이고 평균 이상의 대우를 받는 공공기관이 취업

시장에서 주목받고 있다.

35년간 공공기관에서 근무한 필자 역시 공익의 한 축에서 일하고 있는 것에 대해 만족감이 높은 편이다. 5년에 한 번 정권이 바뀔 때마다 정권의 철학이나 성향에 따라 기관별 역할을 고려하여 이리저리 통폐합되기도 하고, 사안에 따라 인력 감축과 구조 조정은 있었지만, 조직 통폐합에 따라 구성원 전체가 퇴출되는 구조는 아니어서(근로기준법 제23조 해고 등의 제한) 어느 직장보다 안정적이라고 할 수 있다.

공공기관 수는 사업 규모의 확대나 축소, 역할 변경 등에 따라 성격이 바뀌면서 늘거나 줄기도 하지만, 육아 휴직제도나 유연근무제, 각종 복지제도의 확대 등 환경 변화에 따른 다양한 제도가 시행되고 확산 또는 정착되고 있어 취업 지망생들에게는 좋은 직장으로 인식되고 있다. 최근에는 인구 감소와 노령화의 가속화로 출산과 육아 관련 대책이 더욱 다양화되고 있는데, 공공기관에서 이 제도들을 적극적으로 도입하고 있어 구성원들에게 환영받고 있다.

또, 기획재정부 자료에 의하면 공공기관의 신규 채용 규모는 해마다 늘고 있는 반면, 국내 30대 기업의 신규 채용 규모는 해마다 줄고 있다(「공공기관 이직 달성 실전 가이드」, 공취달, 2019). 그 이유 중 하나가 공무원 정원 확대는 국가공무원법 등의 엄격한 통제를 받고 있고 국민 여론도 살펴야 하므로 매우 어려운 실정이다. 두 번째는 중앙부처가 국가정책의 기획에서부터 실행까지 챙기는 것은 한계가 있어 정책의 큰 틀은 정부 차원에서 정하고 이후 세부정책 수행은 공공기관에서 시행한다. 반대로 산하기관에서 연구와 조사를 통해 수립한 정책(안)을 정부가 받아들여 시행하기도 하면서, 정부 산하 공공기관들의 역할이 늘어나고 있어 사업 확장과 인력 증원을 통해 성과 창출과 조직 확장의 계기로 삼고 있다.

특히, 인력 증원은 사회적 파장이 큰 사건 사고가 있거나 정치적 의사결정, 국민적 요구나 공감대가 형성되면 해당 기관의 요구로 기관 신설이나 인력 증원이 가능하다. 잦은 화재로 소방관 인력 부족에 따른 소방공무원 선발(2018년 5,258명) 사례나 2024년 5월 개청한 우주항공청(2024. 5. 27. 초대원장 윤영빈)이 그 사례라고 할 수 있다. 이와 같이 지금도 어디서 누군가는 새로운 공공기관 설립을 위해 머리를 짜내고 있을 것이다.

모든 공공기관이 그런 것은 아니지만 공무원 못지않게 대부분 기관이 안정적인 근로 환경과 소득이 보장돼 있다. 그리고 특별히 문제가 없으면 민간기업같이 기관이 없어지는 일은 거의 없다. 설령, 조직은 없어지더라도 그 기능은 어딘가에 만들어지고 관련된 인력도 함께 이관*되면서 직원들이 이유 없이 해고되는 일은 없다. 한번 입사하면 중간에 큰 사고(민·형사사건으로 실형 확정)가 있거나 나쁜 일(내부 비위 등으로 징계)이 일어나지 않는 한 정년(보통 60세, 기관별로 차이가 있음)이 보장된다. 물론 기관 사정에 따라 상위 직급 인력이 많은 경우 희망퇴직이나 명예퇴직제도를 운영하여 인사 적체를 해소하거나 정부의 혁신 정책에 대응하기도 한다. 그렇게 퇴직하는 사람 역시 퇴직금 외에 평소 생각지 못한 큰 퇴직 수당을 챙기고 다른 기업이나 기관에 재취업하기도 한다.

공무원도 중앙부처와 지방자치단체(도청·시청·구청 등) 어디서 일하는지에 따라 업무 강도가 다르듯, 공공기관마다 기능이 다르고 바쁜 시기도 달라서 항상 바쁘거나 한가한 것은 아니다. 사안에 따라 저녁 늦게까지 회의하고 새벽까지 안건을 작성해서 아침 회의에 들어가는 경우도 종종 있다. 어느 때는 화장실 갈 시간도 아껴 써야 할 경우도 있지만, 대부분 일과 삶의 균형이 잘 맞는 편이다. 야근이나 주말 작업도 사기업보다 상대적으로 적은 편이다.

대기업이나 중소기업에 비해 아침 저녁 시간 활용이 용이하고 주말과 휴일 활용도 자유롭다. 본인이 원하면 평일에 1~2시간 더 근무하고, 금요일 하루를 다 비워 자기계발을 위한 학업이나 자격증 취득, 취미활동도 할 수 있다.

팩트 체크

* 건강보험심사평가원(심평원)에서 수행하던 신의료기술평가사업 업무가 정부의 구조 조정 요청에 따라 보의(연)으로 이관(2010. 5.)되면서 신의료기술평가 기능과 인력(39명)이 심평원 소속일 때의 근무조건으로 이관되었다. 해당 인력은 심평원 소속에서 보의(연) 소속으로 변경되었다.

순환 근무, 약일까 독일까?

    필자가 근무한 생명(연)과 보의(연)은 연구직과 행정직이 섞여 있는 기관이다. 연구직은 기관의 고유 기능으로 연구 수행을 통해 성과를 도출해 내고 기관의 가치를 창출해 내는 역할을 다하고 있다. 행정직은 기관의 고유 사업 수행을 위한 지원 시스템으로 직원과 시설관리, 각종 제도와 정책 운영 등 기관의 고유 기능을 유지하기 위해 노력하고 있다.

    행정조직은 유사한 부문에서 규정과 지침, 절차를 통해 매년 비슷한 일을 하다 보니 담당자가 매너리즘에 빠지거나 담당자 독단으로 판단하여 업무의 유연성과 속도감이 떨어지기도 하고 규정 위반이나 횡령 등의 부작용이 발생하기도 한다. 또 특정 부서에서 오래 근무한 직원이나 힘든 업무, 난이도가 있어 타 직원에 비해 야근이나 스트레스가 많은 업무를 수행하는 직원이 있다. 그런 문제를 해결하기 위해 공무원과 공공기관에서는 정기적으로 인사를 단행하고 있다.

    필자는 생명(연) 회계팀에서 4년, 연구관리팀에서 6년 7개월, 홍보팀 1년, 재무팀 2년, 프론티어사업단 파견 6년 등 19년 7개월 근무 기간 중에 파견을 제외하면 연구관리팀에서의 근무 기간이 유독 길었다. 공공기관의 한계라고도 할 수 있는데, 팀장(과장)급은 수시로 바뀌지만 필자는 연구관리팀에서 3명의 과장이 바뀌는 동안 붙박이로 남아 있었다. 새 팀장이 올 때마다 자리를 지켜 달라고 요구했다. 팀의 안정을 위해서라고 하지만, 정작 본인들의 편의를 위한 것이었다. 필자 입장에서는 순환 근무가 절실했다. 그래서 인력 순환 배치를 앞두고 직속 부서장을 찾아가 필자와 조직을 위해 순환 근무를 강력하게 요청했고, 그것이 받아들여져 6년 7개월 만에 보직을 변경할 수 있었다.

2009년 1월에 전직한 '보의(연)'에서는 제5대 한광협 원장 부임(2020. 1.) 후 기관의 인사 문제를 해결하기 위해 필자를 팀장으로 한 인사 혁신 태스크포스(Task Force) 팀을 만들어 운영(2020. 3. 17.~6. 2.)했다. 이 중 직원 순환 근무에 대한 주제는 뜨거운 감자였다. 최소 2년에서 최대 3년 이후에는 보직을 바꿔주는 것이 바람직하다는 결론을 도출해 냄에 따라 각 팀 상황을 고려해 정기 순환 근무를 위한 인사를 실시하기로 했다.

물론 그전에도 순환 근무는 있었지만, 근거와 규정대로 시행된 것이 아니라 그때그때 상황과 신임 기관장 부임 시 조직 개편 차원에서 시행되었다. 공공기관 행정직 직원들은 전산직이나 사서, 기계·전기·시설 등 특별한 경우를 제외하고 한 보직에서 3년 이상 근무하지 않는 것이 좋다고 생각한다. 한 가지 업무를 오래 하다 보면 장점보다 단점이 많고, 단점을 넘어 불공정과 부조리 같은 행태도 나타날 수 있다. 일부 직원들은 잦은 인사이동이나 순환 근무가 전문성을 저해한다고 주장하기도 한다. 그들의 주장도 일리가 있지만, 아무리 작은 조직이라도 순환 근무를 하지 않는 경우 득보다 실이 많다고 생각한다. 또 행정 업무 특성상 젊은 시절에 다양한 업무를 해 보는 것이 이직이나 미래의 관리자가 되기 위해서도 긍정적 효과가 있을 거라고 본다.

한 가지 업무를 오래 하다 보면 전문성은 강화되겠지만 타성에 빠져 조직 차원의 안목이 부족할 수 있고, 협력 부서와의 협업보다는 자기중심적인 시야로 업무를 처리하는 경향이 있어 효율성이 떨어질 수 있다. 또, 온정주의가 싹터 기준이 흔들리거나 회계, 예산, 구매, 계약 등의 업무는 청렴성에 위협을 받을 수 있어 순환 근무는 필요하다고 본다. 이런 이유로 기획재정부 예산실은 국장과 과장은 물론 담당 사무관까지 일 년 근무하고 다른 부처(공공기관까지) 담당이나 관리자로 이동시킨다.

순환 근무의 역기능이면서 순기능 중 하나는 전임자만 알 수 있는 문제점이나 실수 등이 후임자가 업무 수행 중에 나타나는 경우가 종종 있다. 이때 후임자는 '전임자의 똥을 치우는 심정'으로 마무리를 짓게 되는데, 이 과정에서 기관에 예산상 피해를 줄 수도 있고 후임자는 하지 않아도 될 일을 처리하면서 시간 낭비와 스트레스로 전임자를 원망하기도 한다.

보건복지부 산하 공공기관에 근무하던 관리자급 직원이 내부 전산망에서 계좌번호 등을 조작해 18회에 걸쳐 46억여 원을 횡령한 사건이 대표적인 사례다. 이런 사례는 순환 근무가 아니면 드러나지 않을 일이었지만 직원 순환 배치를 통해 적기에 바로 잡는 계기도 되었다. 문제가 발생하지 않으면 좋겠지만 담당자의 사소한 실수를 제때 처리하면 될 것을, 일이 커지고 본인만 아는 시스템상의 오류를 활용하면서 기관의 피해로 이어질 수 있으니 순환 근무를 시스템적으로 실시하는 것은 기관 발전에 도움이 되고 행정직군 직원들이 다양한 직무를 경험할 수 있는 제도라고 할 수 있다.

상급기관 감사를 받아야 하는 이유

  공공기관의 특징 중 하나가 상급기관의 관리와 감독이 있다는 것이다. 앞에서 이야기한(공공기관이 뭐야?) 인과관계의 하나로 정부가 예산을 지원하기 때문에 관리 의무가 있다는 것이다. 기관별로 비중은 다르지만, 모든 공공기관은 정부에서 예산을 받아 집행하거나 자체 사업을 통해 수익으로 충당한다. 결국 예산을 정부에서 받아 쓰면 정부의 관리 감독을 받아야 하는데, 법률과 시행령(대통령령), 시행규칙(중앙부처 장관령)에 따라 예산을 집행하고 업무를 추진해야 한다.
  그리고 위에서 정한 것 외에 기관 내부 규정과 지침을 잘 지켜야 하는데, 이런 과정을 거쳐 예산이 잘 집행되고 있는지, 규정을 잘 지키고 있는지, 기관 내부 감사팀에서도 일상 감사(日常

監査, 감독하고 검사함)를 하지만, 기관과 직접 연관된 상위 부처나 감사원, 국무조정실 등에서 감사하는 경우도 있다.

특히, 매년 실시하는 국정감사는 정말 까다롭다. 많은 자료를 요구하기도 하고 지적 사항이 나오면 국회의원이 기관장을 상대로 확인하고 개선을 요구하여 모든 기관장이 특별히 신경 쓰고 감사에 임한다.

부처 감사는 2~3년 주기로 정기적으로 실시하는 것이 일반적인데, 특정 사건이 발생하거나 내부 직원 투서 또는 외부 이해관계자 제보에 의한 민원이 발생하는 경우 불시에 시행되기도 한다. 이런 경우, 직원의 고유 업무 외에 감사관이 요구하는 자료를 원하는 시간 내에 제출해야 하므로 평소보다 힘들 수 있다. 반면에 감사원 감사는 사회적으로 이슈화가 될 만큼 비위 행위가 크거나 사건 사고가 있을 때, 또는 국회 상임위 의결로 요청할 때 실시한다.

꽃을 보고
행복해하는 것은
그대가 생각나기 때문이고

꽃을 보고
아쉬움이 느껴지는 것은
그대가 곁에 없기 때문입니다

아쉬움을 지우고
이렇게 웃을 수 있는 것은

그대 닮은 꽃 앞에
내 안의 그대를 불러 놓고
함께 보고 있기 때문입니다.

:: 권영조 시 「꽃을 보고」 전문

제2부

나도 공공기관에서 일하고 싶다

공공기관에 취업을 원한다면 | 별빛도 불빛도 멀리서 보면 아름답다

준비된 면접관, 준비 안 된 면접관 | 프로 세계에 들어온 신입 직원

핵심 인재로 성장하기 | 승진, 나의 가치를 인정받는 것

구조 조정에서 살아남기

공공기관에 취업을 원한다면

필자의 경험으로는 공공기관이라고 해서 특별히 장점이 많은 것은 아니지만 단점이 적은 것도 장점이라고 할 수 있겠다. 취업을 원한다면, 일단 지원하고 보자는 식이 아니라 자기 성격에 맞는 공공기관을 찾는 것이 좋다. 별첨 리스트(255쪽) 외에 유사 공공기관으로 OOO협회, OOO재단 등 보수나 복지, 처우가 다소 약한 기관도 많고, 반대로 사기업보다 훨씬 좋은 환경에서 일할 수 있는 기관도 있다.

그러니 어느 곳에서 자기 역량을 잘 발휘할 수 있는지 생각해 보고, 내가 공공기관에 적합한 인물인지도 함께 생각해 보자. 지원한 기관의 성격과 문화에 맞추려다 보면 힘들 수 있으니, 공공기관에 취업을 원하는 준비생이라면 아래 내용을 잘 참고해서 좋은 결과가 있기를 바란다.

먼저 331개(2025. 1. 21. 기준) 공공기관 중 내가 갈 수 있는(경제나 금융 쪽인지, 사회복지 쪽인지, 연금과 관련된 쪽인지 등) 기관을 알아보고 어느 곳에 가면 내 역량을 100% 발휘할 수 있는지를 생각해 보면 좋겠다. 그렇게 해서 선택한 기관도 처음 생각과 다를 수도 있다. 필자가 처음 생명(연) 회계과(현재 행정관리부 문화경영실)에 지원해 배치되었을 때의 일이다. 지금 기준으로 보면 늦은 편이었지만, 과에서는 회계 결산 자료 정리가 한창 진행 중이었다. 동료들과 매일 야근하고 주말에도 나와 결산 업무를 지원하다 보니 어느덧 보고서가 나왔고 원장 결제로 마무리되었다. 결과적으로 결산 보고서는 나왔지만 내 역할이 별로 없었다는 것을 생각하니 아쉬움이 컸다.

　어떤 조직이든 처음부터 내가 할 수 있는 일은 하나도 없다. 문서 작성도 업무를 알아야 하고, 상급자의 지시도 내용을 파악하지 못하면 혼자서는 절대 할 수 없다. 그러다 보니 선배나 상급자가 하는 일을 도와주는 정도가 내가 할 수 있는 일의 전부였다. 고유 업무를 맡게 되면 전임자가 인계하는 것을 꼼꼼히 확인하고 업무 편람에 따라 시행하면 된다. 초반에 적응하면서 어려움도 있지만, 6개월 '월급 받으며 배운다' 생각하고 자신만의 의미와 재미를 찾기 바란다. 선배도 팀장도 그런 과정을 거쳐 그 자리에서 그 역할을 하는 것이다.

　앞으로 갈 길이 멀다. 이제 겨우 1~2개월 또는 6개월 일하고 "나하고 업무가 안 맞는 것 같아!" "조직도 사람도 다 이상해!" 이런 생각 하지 말고, 부딪치고 깨지더라도 일 년만 눈 딱 감고 버티면 길이 보일 것이다. 그때 가서 생각해도 늦지 않으니 일단 부딪쳐 보자. 일 년 버티고 적응하다 보면 자신의 가치를 인정받고 사람들과의 관계도 돈독해지고 무엇이든 헤쳐 나갈 수 있는 자신감과 용기도 생긴다. 그리고 주변에 한두 사람 내 편이 생기면서 조직 환경에 익숙해지는 시기가 찾아올 것이다.

나의 가치를 어필하라

"뽑아만 주신다면 야근도 하고, 주말에도 나와서 일하고, 무엇이든 열심히 하겠습니다." 지금은 많이 사라졌지만, 10여 년 전만 해도 채용 면접 때 지원자의 답변 중 하나였다. 어떤 지원자는 지원 서류에 이런 표현을 쓰기도 했었다. 그런데 이건 '나는 아무 능력도 경력도 장점도 없지만, 귀 직장이 나를 뽑아서 교육해 주고, 업무 능력도 배양해 주고, 월급 제때 많이 준다면 한 번 일해 보겠습니다'라는 의미로 느껴질 수밖에 없다.

이 지원자가 과연 우리 조직에 도움이 될 수 있을까? 스포츠로 보면 직장은 프로 무대인데 경력도 능력도 검증되지 않은 선수를 뽑아 월급 주면서 가르치고 성과를 내기 위해 과연 얼마 동안, 얼마만큼의 비용을 들여야 조직에 이익을 가져올 수 있을까? 이익을 가져오기는커녕 가르쳐서 활용할 가치가 좀 있나 싶을 때 다른 직장으로 옮긴다면?

연예기획사에서 오디션 프로그램을 통해 신인 가수를 뽑아 월급 줘 가며 연습시켜 무대에 올리기 위해 많은 돈과 시간을 투자한다. 그리고 수익이 창출될 때까지 더 많은 인내가 필요한데, 그들에게 투자해서 회사가 수익을 올리기까지는 노예계약에 가까운 계약 조건과 의무 이행 기간이 있을 것이다.

이와 같은 연예기획사와 스포츠 선수를 제외하고 일반 직장(특히 공공기관)에서는 그렇게 많은 시간과 비용을 투입하지 않는다. 계약 조건도 노동법과 근로기준법에 따라 계약하기 때문에 직원에게 불리한 것은 없다. 정시에 출퇴근하고 시키는 일 잘하면 보수는 지급되지만, 여기서 끝나지 않는다. 신입 직원은 3~6개월 수습 기간이 있어 그 기간이 지나면 바로 자기 업무를 책임지고 수행하면서 성과도 내야 한다. 이 기간에 나의 가치를 어필하지 못하거나 조직이 나를 포기할 만한 사건 사고가 있다면 계약을 거부할 수 있다.

　일이 안 되면 성실함과 적극성이라도 어필해야 가능성이 높아진다. 그렇다고 기관이 수습 기간에 큰 비용을 들여 교육하지도 않는다. 기관 내 각 부서의 기능을 소개하거나 업무 포털 시스템 활용 방법, 인사와 보수·평가·복지제도, 문서 작성법 등 업무 수행을 위한 기본을 알려 줄 뿐이다. 결국 입사하기 전에 내가 어느 정도 스펙과 경험을 쌓아야 겨우 뽑을지 말지를 결정한다. 즉, 내 가치를 높여야 제대로 인정받고 선택받을 수 있다. 그래서 기관은 내가 수행할 업무와 관련된 직접적인 경험과 경력이 있어야 나를 선택한다.

　그런데 취업을 준비하는 사람이 자신의 역량을 강화하기 위한 노력과 경력, 경험도 부족한 채 지원서를 작성해 놓고 자신과 맞든 안 맞든 일단 지원하고 본다는 식으로 지원서를 남발하고 있다. 하지만 서류심사나 면접위원들은 어떤 사람들인가?

그 분야에 적어도 10~20년 이상 된 베테랑들이 질문을 한다. 그들에게 자소서에 있는 소설 같은 이야기로 자신을 표현해 봐야 금방 바닥이 드러나게 돼 있다. 어쩌다 서류심사에 통과됐다고 좋아하지 마라. 선택받을 일 없을 것이다. 다른 사람이 선택받을 수 있도록 경쟁률을 높이는 데 기여하고, 다른 사람 1등할 수 있도록 그 밑을 깔아 주는 역할로 끝날 것이다. 잔인하게 느껴질 수 있지만 현실이다.

반면에, 괜찮은 경력과 자기 분야에 확고한 철학과 경험이 있다면 면접관 앞에서 주눅 들지 않길 바란다. 요즘 TV에 노래 경연 프로그램이 많다. 평소 수백, 수천 명 앞에서 자신 있게 노래하던 가수가 심사 마스터들 앞에서 벌벌 떠는 모습을 봤을 것이다. 그 경연에 통과하기 위해 같은 노래를 수없이 부르며 실력을 키워 왔지만, 막상 자기 차례가 되면 긴장해서 실력 발휘를 하지 못한다. 그때의 긴장은 어색함 때문에 떨리기도 하지만, 그만큼 간절해서 반드시 좋은 결과를 내야 하니까 긴장할 수밖에 없다.

면접에 임하는 그대가 그만큼 간절하게 준비했다면 그 정도의 긴장은 있어야 한다. 하지만 그 긴장은 취업을 위한 최종 관문이기 때문에 그것도 극복해야 한다. 결국 사전에 얼마만큼 준비하고 연습했는지에 따라 결과는 다르게 나타날 것이다. 긴장 속에서도 많이 준비한 것은 몸이 알고 반응한다. 이때는 기관이 나를 선택하는 것이 아니라, 내가 기관을 선택한다는 각오로

그동안의 경험과 경력을 살려 자신을 충분히 표현하길 바란다.

자기소개 역시 짧고 간결하게 표현하되 지원서에 표기한 대표 성과를 곁들인 자기소개, 나를 뽑지 않으면 기관이 후회할 것처럼 자신을 표현하고, 난해한 질문을 하더라고 정답을 듣고자 질문하는 것이 아니니 절대 당황하지 마라. 마치 합격해서 입사한 것처럼 "이렇게 생각하고, 저렇게 대응해서 조치하겠습니다"라고 표현하되 "부족한 것은 동료나 선배, 팀장 등과 협의해서 조치하겠습니다"라는 식으로 대답하면 좋은 성과를 기대할 수 있을 것이다.

면접관은 정답을 요구하기도 하지만 답할 수 없는 질문을 어떻게 해결하는지 문제 해결 능력도 보기 때문에 그것을 고려하여 준비하기 바란다. 면접관들은 자소서에 나온 경력과 경험을 중심으로 걸어들어오는 모습에서부터 표정과 말하는 모습, 태도 등에서 어느 정도 의사결정이 된 상태에서 질문한다는 것을 명심하면 좋겠다.

조직에 적응하기 어려운 이유

공공기관에 취업을 원하는 지원자는 국가직무능력표준(National Competency Standards, NCS)을 기반으로 시험을 준비하고, 입사 후에는 채용 공고에 나온 지원 분야 업무를 하게 된다. 이것이 지켜지지 않으면 노동법과 근로기준법을 위반하는 것이기 때문에 공고문에 적시된 업무를 수행하게 된다. 단, 기관

사정을 고려하여 추가 업무 수행과 변경이 가능하고 근로계약서에도 명시한다.

시간이 지나면서 NCS에 맞는 경력 관리가 되어야 하는데 쉽지만은 않다. 그 이유는 수시로 퇴직자가 발생하면서 업무 공백 해소와 2~3년에 한 번 순환 근무를 시행하면서 NCS의 순기능을 적용하기 어렵다. 기관의 규모나 기관장의 철학에 따라 이미 시스템화된 기관이 있을 수 있지만, 대부분 공공기관이 그렇게 적용하지 못하고 있는 것으로 알고 있다.

최근에 입사한 80년대 후반 또는 90년대생 직원의 업무 수행 능력과 조직 적응도가 떨어지는 이유가 거기에 있다고 생각한다. 학교에서 배운 것과 취업을 준비하면서 익힌 NCS와는 다른 시스템으로 조직이 운영되면서 자신의 경력 관리는커녕 선택의 여지 없이 기관에서 부여하는 일을 할 수밖에 없는 것이 현실이다. 그래서 그들 나름대로 스트레스가 클 수밖에 없고, 입사 초기에 상사의 업무 지시나 지적을 견디지 못해 어렵게 들어온 직장을 포기하기도 한다.

물론, 부모 밑에서 25년 이상 30년 가까이 부족함 없이 지내다가 첫 직장의 낯섦과 타지 생활의 외로움에 지금까지 받아 보지 못한 혹독한 지적을 견디지 못해 힘들어할 수 있다. 또 언제든지 돌아가면 따뜻하게 먹여 주고 재워 줄 부모가 있다는 것도 퇴직을 쉽게 결정하는 요인이라고 할 수 있다. 물론 그렇지 않은 젊은이도 많다. 이해는 되지만, 60~70년대생들이 그 나이에 느꼈던 '절실함'이 부족한 것은 아닌지 생각도 해 본다.

집에서는 어떻게 하든 예쁘고 착한 아들딸인데 직장에서는 그렇게 얘기해 주는 사람이 없다. 그나마 좀 문제가 있다 싶어 진지하게 설명하려는 누군가가 나타나면 설명충(너무 뻔하고 당연한 사실을 굳이 말하는 사람을 놀리는 표현으로 그 대상을 蟲에 빗대어 표현하는 말)이라 하고, 옳은 말 좀 하려고 하면 '꼰대'라고 입을 닫게 하니 이러지도 저러지도 못하는 현실이 안타까울 뿐이다.

별빛도 불빛도 멀리서 보면 아름답다

직장생활 하다 보면 "저 사람만 없으면 재밌게 직장생활 할 만한데!" 하는 소리를 듣는 일종의 '꼰대'나 '또라이'라 불리는 사람이 꼭 있다. 이런 상황에서 당사자는 자리를 꿋꿋이 지킨다. 또 남들이 하기 싫은 일을 짬밥에 밀려 어쩔 수 없이 해야 하는 일이 생길 수도 있다. 그러면서 "이럴 바에 내가 그만두고 말지!" 하며 여기저기 구직 사이트를 찾기도 한다.

물론 이직하면 다 해결할 수 있을 것 같은데, 현실은 내 맘대로 되지 않는다. 이런 사람들은 채용 과정에서 프로필을 보면 쉽게 알 수 있다. 이전 기관 또는 그 이전 기관에서 퇴직한 이유를 물어보면 적당히 퇴직할 수밖에 없었다는 이유를 말하겠지만, 결국 많은 구직자가 직장을 옮기는 이유는 사람과의 갈등이다. 정말 좋아하는 분야에 잘하는 일을 찾아 이직하는 사람도 있지만, 내가 원하고 즐기면서 다니는 직장을 찾기는 쉽지 않다. 직장에서도 내가 원하는 부서에서 원하는 일만 할 수는 없다. 결국, 직장에 나를 맞추는 노력이 있어야 한다고 생각한다.

그런가 하면, 지금 다니고 있는 직장에서 나의 꿈을 펼치고 싶은데 사람 때문에 힘들고 약해지기도 한다. 하지만, 이직으로 다 해결할 수는 없다. 적어도 1~2년, 4~5년 이상 다니면서 힘든 일을 해결하고 성취감도 느끼면서 승진도 하는 등 다양한 경험을 해 보는 것이 중요하다.

이유가 무엇이든 내가 힘들고 상처받았다면 모든 상황을 진심으로 대하고 정성을 다했기 때문이다. 반대로 모든 상황을 건성으로 대하고 자기 욕심만 채웠다면 상처받지도 않았을 것이고, 불만이 생기면 곧바로 퇴직을 언급할 수도 있다.

이렇게 많은 사람이 너무 급하게 이직을 결정하고 행동에 옮기는 경향이 있어 아쉬움이 있다. 뭔가 해 보고 어려움도 겪으면서 경력을 쌓고 성과를 내거나, 노력했음에도 성과를 내지 못해 아픈 마음을 쓴 소주로 달래는 시간도 필요하다. 이런 과정과 고뇌도 없이 지금 불편하고 어렵다고 이직을 결정하면, 모든 게 해결될 것 같지만 그렇지 않다. 새로운 직장에서 또 다른 문제가 발생하는데 그 역시 겪어 보지 못한 상황이기 때문에 그

고비를 넘지 못하고 또 새로운 직장을 알아보는 사람이 있다. 그렇게 3~4개 기관을 옮겨 다니면서 경력은 10년이 넘는데 뭐 하나 제대로 한 것도 없고 성과도 없는데, 지금 다니는 직장도 언제 그만둘지 모르는 상황이라면 심도 있는 고민이 필요하다.

일도 그렇지만 사람 역시 마찬가지다. 지금 직장에서 보기 싫은 사람이 있어 이직했더니 거기에 또 이전에 겪어 보지 못한 문제의 사람이 있으면 어쩌겠는가. 이런 상황은 아예 직장을 다니지 않을 때까지 절대 끝나지 않을 것 같은 '오징어 게임'(서바이벌)과 같은 것이다. 해결책은 "직장을 그만두는 것인데 그다음에는 어떻게 할 것인가?"라는 숙제가 남는다.

완벽한 사람이 없는 것처럼 나와 호흡이 잘 맞는 직원이 많고, 일도 쉽고, 보수도 많이 주는 직장은 존재하지 않는다. 그러니 신입 직원 초기 1~3년, 길게는 5년까지 보수를 받으면서 배우고 경력(경험)을 쌓는다고 생각하면 좋겠다. 좋든 싫든 스스로 부딪치고 해결하면서 성장하는 것이 나만의 경험이고 경력이 되면서 현 직장에서는 좋은 평가를 받아 승진도 하고, 다른 곳으로 점프해서 이직할 수도 있기 때문이다.

우리를 멀리서 바라보고 있는 많은 취업 준비생은 우리를 멋지고 아름답고 행복하게 보고 있다는 것이다. 그래서 부럽기도 할 것이다. 그런데 '일이 많아서', '힘들어서', '기분 나쁜 상사 또는 누구 때문에' 퇴직하겠다는 다양한 이유를 찾고 있다. 지금 힘들어서 고민된다면 잠시 자리에서 일어나 창문 밖을 바라보자.

빌딩 숲이 보이거나 그 안의 사람들, 거리의 불빛, 차량 등 다양한 모습들이 있을 것이다. 그곳에는 사계절 열악한 환경에서 청소하시는 분도 있고 막노동과 배달, 운전하는 사람 등 다양한 사람이 우리보다 더 힘들고 더 적은 월급 받으면서 일할 수도 있다. 하지만, 그 사람들의 표정은 어떤가? 그들은 멋지고 아름다운 모습으로 우리 사회를 움직이는 데 없어서는 안 될 중요한 사람들이다.

우리가 다니고 있는 공공기관 역시 많은 취업 준비생이 선망하는 직업군임을 잊지 않길 바란다. 때로는 힘들고, 어렵고, 괴로울 수 있어도 기관의 요구에 부응하기 위해 각자 위치에서 묵묵히 역할을 다하는 사람이 많다. 그래서 우리나라가 선진국 대열에 들어가는 이유일 것이다. 별빛도 불빛도 멀리서 보면 아름답지만 가까이 가 보면 우리의 삶과 똑같은 환경일 것이다. 많은 사람이 우리를 별빛이나 불빛으로 보고 있는데 우리만 보지 못할 뿐이라는 것을 잊지 않았으면 좋겠다.

구세대와 신세대의 충돌

지금 공공기관에서 실무를 담당하고 있는 연령층은 주로 80년대 후반에서 90년대 초중반에 태어난 사람들이다. 이들이 우리 사회의 새로운 트렌드를 이끌어 갈 중요한 구성원이다. 먼저 이들을 충분히 이해하고, 조직에서는 그들이 잠재력을 충분히 발휘할 수 있는 인사 관리 방안을 발굴하고 운영해야 한다. 기성

세대는 이들을 잘 이끌어 기관이나 사회가 안정적으로 운영될 수 있도록 해야 할 의무가 있다. 하지만, 윤택한 환경에서 자라 왔기 때문인지 이들의 생활 방식이나 태도를 기성세대가 이해하지 못하는 한계도 있다.

필자가 사회에 첫발을 내디딜 때는 신세대라는 의미의 '386 세대'라고 불렸다. 1990년대부터 사용되던 이 용어는 30대이고 80년대에 대학을 다녔고, 60년대에 태어난 세대를 가리킨다. 90년대 초 286 컴퓨터가 386으로 바뀌면서 차세대를 상징하는 비유로 쓰였다. 바로 윗세대인 50년대생은 베이비붐 세대*로 전쟁 이후 가난과 배고픔, 불경기를 이겨 냈다면, 60년대생은 제 1,2차 경제개발계획(1962~1971)이 성공하면서 연평균 10%대의 경제성장률을 보인 환경에서 성장하며 윗세대보다는 여러 면에서 풍족한 어린 시절과 청소년기를 보냈다.

60년대생은 50년대생을 상사나 선배로 모시며 사회에 적응했고, 지금은 우리나라 경제·사회·정치계의 리더가 되었거나 왕성하게 활동하고 있지만 곧 은퇴를 앞두고 있다. 역지사지(易地思之)로 50년대생이 본 386세대는 어땠을까? 어리숙하고 자신들과 잘 맞지 않는 사회 초년생이었을 것이다. 반면, 386세대가

팩트 체크

* **베이비붐 세대(Baby Boom Generation)** : 제2차 세계대전 이후 1946년부터 1964년까지 베이비붐이 일어난 시기에 출생한 세대.

바라본 선배 세대는 범접하기 어려우면서도 존경의 대상이었을 것이다.

결국 세상은 신·구와 선·후배가 충돌과 화합을 반복하면서 새로운 문화를 만들고 공유하는 것의 연속이라고 할 수 있다. 지금 80~90년대생은 혼자 하는 일은 잘하는데 협업에는 관심이 없거나 서툴러 바로 위 선배나 관리자들이 불편해하고, 그들도 어려워하기는 마찬가지다. 필자 세대인 60년대생이 그랬듯이 80~90년대생도 70년대생과 협업을 통해 새로운 것을 받아들이고 융합하는 과정이 필요한데, 그 과정에서 세대 간 충돌은 피할 수 없다.

충돌이라고 해서 세대 간의 융화를 깨트리거나 모든 것을 거부하는 것이 아니라 각각의 상황에 맞게 융복합하는 자세가 필요하다는 것이다. 자기 생각이나 이익만 앞세우고 협업하지 않으면 팀과 조직에 전혀 도움이 되지 않는다. 80~90년대생이 유념해야 할 것은, 당분간 70년, 60년대생 면접관들에게 선택되고 그들에게 일을 배우며 성장할 수밖에 없다. 특히, 공공기관에서 이러한 현상은 더 뚜렷하다. 60~70년대생이 생각하는 직장인의 자세는 공부 잘하고 머리 좋은 사람보다 소통 잘하고 꾸준함과 성실함, 그 속에서 일도 잘해 좋은 성과를 낼 수 있는 인재를 선발하고 있다는 것을 잊지 마라.

준비된 면접관, 준비 안 된 면접관

공공기관에서의 채용은 공정성과 투명성이 강조되면서 서류 심사부터 면접까지 반드시 외부 심사위원이 참여하고 있다. 외부 심사위원 비율이 반드시 50% 이상 돼야 하므로 필자도 가끔 유관기관 외부 심사를 나간다. 보의(연)도 채용 때 유관기관 인사 담당 부서 팀장이나 부서장을 초청하고, 전문직 채용 때는 해당 전문가에게 의뢰하고 있다. 필자가 그 과정에 참여하면서 면접관과 지원자에게 아쉬운 부분이 있어 몇 가지 정리해 보았다. 취준생은 입사에 유리하도록 활용하고, 공공기관 내부 면접관은 오해 없이 직원 채용에 참고하면 좋겠다.

공공기관 직원 채용 때 정치권과 공무원 고위층 자녀 채용 비리가 자주 발생하여 사회적 문제로 확대되자, 2017년 8월부터 모든 공공기관에 블라인드(Blind) 채용* 절차가 도입되었다. 그리고 외부 심사위원 비율을 50% 이상 유지하면서 유관 공공기관 인사부서 책임자와 관련 분야 전문가 참여가 늘고 있다. 기대 이상으로

팩트 체크

* **블라인드 채용 :** 채용 과정에서 성별, 나이, 출신 지역, 가족 관계, 학력, 신체적 조건, 재산 등 편견 요소로 작용할 수 있는 정보를 수집 또는 요구하지 않고, 직무 능력을 위주로 평가하여 인재를 선발하는 채용 방식. 2023년 하반기부터 일부 완화되었다

잘하는 면접관도 있지만, 문제는 그렇게 참여하는 외부 면접관이든 내부 면접관이든 전문적인 면접을 위해 관련 교육 과정을 이수하거나 면접 진행을 위해 별도로 준비하는 면접관은 많지 않다. 거의 없다고 해도 과언이 아니다.

채용 기관에서는 채용 대상자에 대한 지원 서류를 사전에 이메일이나 다른 방식으로 면접관에게 전달할 수 없다. 개인 정보 유출이나 다른 부정적 요소를 차단하기 위해서다. 그러면서 면접관은 지원자들을 제대로 파악하지 못하고 면접 시작 30~40분 전 현장에 도착해서 관련 서류를 접하게 된다. 그래서 지원자별 경력과 경험 등에 대한 서류를 살펴볼 시간이 많지 않아 심도 있게 검토하지 못하고 면접을 시작한다.

그러다 보니 주관 기관에서 면접 전형 오리엔테이션 후 직무 적합도나 발전 가능성, 자질과 인성, 자기계발 노력 정도에 대해 면접관별로 경험적인 부분과 가상 상황에서 질문과 답변을 통해 지원자를 평가하고 있다. 지원자에 대한 정보가 부족하다 보니 다른 위원이 질의할 때 해당 지원자의 지원서를 훑어보기에 바쁘다. 그래서 다른 면접관이 질문할 때도 지원자의 답변 태도나 내용을 보지 못하고 있다. 또, 실제 면접을 하면서 질문해 놓고 지원자의 답을 귀로만 듣고 자료를 보느라 답하는 모습을 보지 않는 면접관도 있다.

면접관은 답하는 지원자를 주목하는 것도 중요하지만 다른 지원자들의 자세나 태도를 살펴야 하는데, 거기까지 해야 하는 것 자체를 모르는 경우가 많다. 면접관의 성향과 경험에 따라 다를 수 있으나 자기 기준에 맞춰 사람을 평가하려는 경향이 있고, 지원자가 제출한 이력서상의 장점이나 첫인상을 근거로 평가하기도 한다. 이것을 면접 과정에서 발생하는 '일반화의 오류'라고 할 수 있는데, 지원자가 입장할 때 보는 '외모'라는 '선입관의 오류'와 사전에 검토한 서류에서 지원자의 경험과 경력 부족에 따른 '자의적 판단 오류'라고 할 수 있다.

그래서 '기관이 원하는 사람이 아닌 전혀 엉뚱한 사람이 선택'되는 경우도 간혹 있다. 이렇게 면접관들 간의 차이로 기관에 적합한 인물이 채용되지 않을 수도 있어 면접관의 역할이 그만큼 중요하다는 것을 알아야 한다.

요즘은 면접이 끝나면 그 기관에 관한 면접 사례가 SNS로 빠르게 퍼져 나간다. 그래서 면접 전형 장소에서 지원자가 갖춰야할 자세와 태도가 있다면, 면접관도 면접관으로서 갖춰야 할 자세와 태도가 있다는 것을 잊지 말아야 한다.

준비 안 된 면접관의 공통점은 면접에 대한 의미와 방법, 질문 스킬 등의 경험이 부족하다는 것이다. 면접을 자주 하는 것도 아니고 일 년에 한두 번 잠깐 하다 보니 그럴 수 있다고 하자. 하지만, 지원자의 간절함을 생각한다면 그들을 어떻게 대해야 하는지, 무엇을 (어떻게) 질문해야 하는지 숙지하거나 몸으로 익히는 과정이 필요하다. 이런 과정 없이 자신이 생각하는 인재상을 기준으로 질문하는 면접관도 있어 아쉽다. 그러다 보면 여러

명을 면접하고 나서 초반에 면접한 사람의 기억이 점점 흐릿해지고 후반부에 면접한 사람들의 기억만 남아 확정 짓지 못할 수 있다. 이럴 땐 면접이 끝나면 주요 포인트를 평가하고 자신만의 점검 사항을 메모해 두면 좋다.

내부 면접관은 대부분 해당 기관에서 오래 근무하다 보직을 받거나 일정 직급 이상 승진하면서 별 자격 요건 없이 채용 부서에서 면접자로 선발한다. 그리고 면접 전 채용 담당자가 10여 분 교육하거나 자료를 나눠 주는 것이 교육의 전부다. 면접관별로 질문을 공유하거나 분담해도 중복질문하는 경우가 있다. 이런 상황을 만들지 않기 위해 면접위원장을 선임해서 진행하는데, 위원장은 주관 기관의 인사 부서장이 맡기도 하고, 외부 면접관 중 경력이나 연배를 고려해서 정하기도 한다.

위원장은 인사 담당자로부터 일정과 주의 사항을 전달받고 위원별 질문 순서나 무엇을 중심으로 질문할지 사전에 협의하면 효과적으로 운영할 수 있다. 위원장은 시간 안배를 잘해서 지원자가 충분히 답할 수 있게 운영하되, 전체 시간을 초과하거나 많이 남지 않게 적절히 조절하는 스킬이 필요하다. 앞에서 한두 팀이 시간을 초과하면 뒤로 갈수록 전체 시간이 늘어질 수 있어 지원자가 오래 기다리지 않게 운영해야 한다.

면접관이 피해야 할 질문 역시 방향성이 명확하지 않은 자기 경험치를 중심으로 질문하는 것이다. 지원자가 충분히 이해하고 답할 수 있도록 설명하되, 너무 길지 않으면서도 간결하고 명료해야 한다. 면접관이 질문을 장황하게 설명하면 지원자별로 발언 시간이 짧아지기 때문에 제대로 답하지 못할 수 있고, 전체 면접 시간이 부족해서 정작 중요한 질문을 하지 못할 수도 있으니 주의가 필요하다.

지원자는 대부분 긴장하고 있으므로 "긴장되시죠? 호흡 한 번 하고 시작하겠습니다. 길게 숨 한 번 내쉬세요." "날이 더운데(추운데) 어떤 방법으로 이곳까지 오셨나요?" 등과 같이 긴장을 풀어 주는 개방형 질문을 하면 잠시 미소를 짓거나 호흡을 통해 긴장이 완화될 수 있으니 활용해 보기 바란다.

그리고 질문하고 지원 서류를 보거나 기록하느라 지원자의 대답하는 모습을 보지 않거나 핸드폰을 보는 경우도 피해야 한다. 지원자의 답변이 길어지거나 맥락이 없다면 중단시킬 필요가 있지만, 잘 답하고 있는데 전체 시간이 부족하다고 말을 끊어서도 안 된다.

필자는 면접 전문 교육기관을 찾아가 '면접지도사' 과정을 이수했다. 직장생활을 오래했다고 면접을 잘하는 것도 아니고, 인사 담당자라고 잘하는 것도 아니다. 모든 기관에서는 면접 관련 정기 교육을 이수했거나 실습 경험이 풍부한 면접관을 배치하기 위해 노력을 기울여 주기를 희망한다. 지원자도 면접관이 이와 같이 운영된다는 점을 고려하여 좀 더 적극적으로 자기표현을 한다면 긍정적 효과를 기대할 수 있을 것이다.

프로 세계에 들어온 신입 직원

학교 다닐 때 공부를 잘했든 못했든 직장에 들어오면 프로 세계에 들어온 것이다. 합격 소식에 잠시 흥분하고 첫 출근을 기다리며 들떴던 마음을 가라앉히고 초심의 자세로 돌아가야 한다. 그렇게 꿈과 희망을 안고 입사했지만, 잘나가던 학교 때와 달리 왠지 일이 잘 풀리지 않음을 느낄 수 있다. 학교는 또래들과 함께 공부해서 성적을 올리면 됐는데, 직장은 적응하기가 결코 만만치 않다. 경력직으로 들어왔다면 전 직장의 문화와 습관은 빨리 잊고, 현 직장의 문화와 구성원들에게 익숙해지길 바란다.

처음에는 열심히 하면 인정받고 좋은 평가를 받을 줄 안다. 때로는 야근까지 하면서 업무를 처리했지만, 신입 직원이 동일 직급 선배들보다 좋은 인사 평가를 받기는 어렵다. 학교에서는 나만 잘하면 되고 시험 성적으로 순위를 매기지만, 직장에서의 모든 평가는 동일 직급 간 상대평가다. 선배와 동일 직급이면 선배와도, 후배와 동일 직급이면 후배와도 경쟁해야 한다.

인사 평가를 잘 받고 승진하기 위해서는 일 잘하는 것은 기본이다. 관리자들의 눈에만 보이고 그들의 마음속으로만 기록되는 나의 업무 성과와 평소 인간관계, 소통, 희생과 봉사 정신 등이 어떻게 비쳤는지가 중요하다. 제때 승진하지 못하면 동기보다 뒤처지게 되고, 자칫 일이 꼬이면 후배보다 늦게 승진할 수도 있어 쓴 소주 삼키며 조직과 세상을 비관하는 때도 있다.

신입 직원이 할 수 있는 일은 지극히 제한적이고 대부분 난이도가 높지 않아 업무 수행 과정에서 경험이 축적되고 업무 내용과 상황에 따라 시행착오와 한두 번 성과를 내면서 노련함도 길들여진다고 생각한다. 직급과 기관 사정에 따라 차이는 있겠지만 승진하고 보직을 받을 때까지 적어도 5년 이상은 조직에 기여해야 하는데, 마음에 상처 하나 없이 지나기는 어려운 게 현실이다.

취업하면 하루 대부분을 직장에서 보내는 것이 샐러리맨의 숙명이다. 그러다 보니 업무에 치이고 동료나 선후배와의 가벼운 마찰에도 마음의 상처로 힘든 나날을 보낼 수도 있다. 그럼에도 팀장이나 부서장이 신입 직원에게 거는 기대는 생각보다 크다. 자신에게 부여된 업무는 기본이고, 다양하고도 험난한 인간 장애물을 뛰어넘어야 한다. 그러면서 내가 하는 일은 조직 운영의 한 부분이니 시스템이 멈추지 않도록 나의 역할을 다해야 한다. 거기에다 소통 능력과 친화력, 성실함, 협업 능력 등이 평가자의 성향에 따라 비계량적으로 인사 평가에 반영되고, 그것이 1년, 2년 누적되면 나의 연봉과 승진으로 연결되는 것이다. 그래서 초기 1~2년은 아주 더디게 느껴질 수 있다.

겨울에 눈사람을 만들거나 눈싸움을 해 본 사람은 알 것이다. 첫눈은 양도 많지 않지만 공기가 건조해서 눈이 잘 뭉쳐지지 않는다. 그래서 눈싸움도 못하고 눈사람도 만들 수 없다. 하지만,

두세 번째 오는 눈은 제법 양도 많고 습도가 높아 잘 뭉쳐진다. 손으로 꼭꼭 눌러 뭉치면 제법 단단해서 눈 위에 그 눈뭉치를 굴리면 그때부터 제법 그럴듯한 눈사람도 만들 수 있다.

눈을 크게 뭉치려면 어느 정도 커질 때까지 노력과 시간이 필요하다. 처음에 눈이 안 뭉쳐진다고 눈사람 만들기를 포기하면 그것으로 끝이다. 직장도 마찬가지다. 처음 몇 개월은 아는 사람도 없고 친한 사람도 없어 적응하기 어렵지만, 한두 명 내 편이 생기고 점심을 함께 먹는 친한 사람이 생기면서 나의 조직 생활도 점점 자연스러워지고 나름 재미와 성취감, 애사심도 생기면서 성장한다. 이때부터 자연스럽게 신뢰가 쌓이고 성과도 나오면서 나의 가치도 올라가는 것이다.

처음 1년은 배우는 시기

평균 20대 후반에 입사하면 정년(60세 기준)까지 30년 이상 직장생활을 한다. 그러니 초기 1~2년은 앞으로의 직장생활을 성공적으로 수행할 수 있도록 투자하고 배우는 시기라고 생각하면 좋겠다.

우리는 건강하고 행복하게 살기 위해 어린이집부터 유치원, 초·중·고·대학교, 그 외 사교육 등 다양한 과정에서 많은 것을 배운다. 하지만 사회에 나오면 교과서에서 언급된 것들과 많이 다르고, 막상 들어간 직장에서는 처음부터 다시 배워야 할 것들이 많다. 직장에서 짧게는 1~2주, 한 달, 길게는 6개월에서 1년까지 정신교육이나 직무교육에 많은 비용과 시간을 투자한다. 신입 직원은 입사 후 1년까지는 자기 역할을 제대로 못하기 때문이다.

또 업무 특성에 따라 2~3개월이면 익힐 수 있는 일도 있지만, 대개는 주어진 일을 문제없이 혼자서 완벽하게 처리하기까지 적어도 1년 이상 걸린다. 대부분 직원이 한 가지 업무만 하는 것이 아니라 일의 양이나 난이도를 고려해 핵심 업무 외에 2~3개 이상의 업무를 담당하고 있기 때문이다. 기관에 따라서는 인력난을 해결하기 위해 단순반복적인 업무나 협업이 불필요한 일들을 외주 용역으로 돌리거나 비정규직에게 맡기기도 한다. 비용 절감과 효율적 인력 관리를 위해 기관으로서는 어쩔 수 없는 선택이기도 하다.

그래서 신입 직원이 들어와 1~2년 후에는 중요하고 전문적인 일처리를 기대한다. 그 기간이 빠르면 빠를수록 좋다. 내가 하는 일의 양이 다른 사람에 비해 적거나 쉬운 업무로 느껴진다면, 진짜 중요하고 난이도 있는 일은 다른 누군가가 하고 있다는 것이다. 그 사람이 인사 평가도 잘 받고 승진 후보자일 가능성이 높다.

그러나 언젠가는 내가 그 일을 해야 인정받는다는 것을 명심하라. 그러니 정신 바짝 차리고 초기에 열심히 하지 않으면 조직이나 개인, 모두 손해다. 어느 직장이나 처음 1년차까지는 직원이 조직에 기여하는 것보다 보수가 더 많다고 생각한다. 기관으로서는 인재를 채용하여 1년까지는 미래를 위해 투자하는 셈이다. 개인 역시도 이 시기는 투자하는 시기로 조직 생활을 익히고 일도 배우면서 좋은 인간관계를 맺고, 조직의 정체성과 발전 방향도 깨우치면 좋다.

그러니 내 일을 잘하는 것은 기본이고 조직의 정체성이나 비전은 무엇인지, 내가 하는 일은 어떤 역할을 하고 있으니 몇 년 안에 또는 언제까지는 어디쯤 가 있어야겠다는 목표 의식이 있어야 한다.

사업이나 장사의 이치와도 다르지 않은데, 식당을 개업한 사람이 첫날부터 이익을 남기려고 생각하면 오래가기 힘들다. 손해를 보면서까지 음식을 팔면 안 되지만, 손님에게 신뢰받고 소문이 날 때까지는 친절한 말투와 밑반찬 하나라도 더 챙겨 주려는 마음과 태도가 필요하다. 퉁명스러운 말투와 손님에게 바가지를 씌워 이익을 많이 남기려 하면 두 번 다시 안 간다. 나만 안 가면 다행이지만 다른 사람에게 "그 집 서비스가 엉망이고 음식 맛도 별로인데 가격은 비싸다"라고 소문을 내면 얼마 가지 않아 식당 문을 닫고 말 것이다. 지금의 손해보다 미래의 이익이 더 크다고 생각하기 때문에 직장생활에서도 그런 정신이 필요하다.

민간기업에서는 신입 사원이 최소 6개월, 길면 2년 전후를 투자금 회수 시기라고 한다. 그래서 이런저런 교육 기회도 제공하고 훈련 기회도 주는 것이다. 특히, 공공기관은 공익을 위한 조직으로 국민과 정부를 위해 일하기 때문에 기관과 구성원의 이익보다는 국민과 사회에 인정받기 위한 일이라서 직무 교육과 소양(素養) 증진을 위한 CS교육(Customer Service)을 실시한다.

이런 기회를 소중하게 생각해야 하는 이유는 신입 때 배울 것을 2~3년 지나서 배우기는 어색하고, 그 시기를 놓치면 배우지 못할 수도 있다. 신입 시절에 일과 조직 생활에 대한 기초를 확실하게 다져 놓아야 한다는 것이다. 어차피 우리 삶과 직장생활은 사람과의 관계 속에서 이루어지고, 조금은 손해 보고 희생해야 한다는 마음으로 임할 때 다른 동료나 상사들에게 호응과 신뢰를 얻을 수 있다. 이때의 희생과 손해, 마음의 상처 등은 언젠가 그 이상으로 채워지는 소중한 경험과 자산이 될 것이다.

직장생활 초기부터 받는 보수를 전부 자기 것으로 생각하면 시간이 갈수록 어려워진다. 어느 정도는 교육비라 생각해서 밥값, 술값도 선배들에게 의존하지 말고 눈치껏 계산하는 것이 좋다. 최근에는 더치페이(Dutch pay) 문화가 정착되면서 각자 계산하지만, 선배가 후배에게 밥값이나 술값을 내도록 종용하는 일은 거의 없다. 법인카드로 처리할 수 없는 자리라면 선배들에게 모든 비용을 부담시키는 것은 적절하지 않다.

물론 나보다 어린 선배가 있을 수도 있지만, 가끔 상황에 따라 눈치껏 후배가 계산하는 것을 추천한다. 간혹, 자존심 강한 선배들은 후배가 계산하는 것을 나무라기도 하지만 강하게 말리지도 않는다. 1차를 선배가 샀다면 커피나 해장국은 자신이 사겠다고 할 때 싫어하는 선배 없다. 밥을 살 경우, 식사 자리가 끝나갈 무렵 화장실에 가는 척하면서 자연스럽게 계산하거나, 선배가 잠깐 자리를 비운 사이에 하는 게 좋다. 선후배가 같이 나오면서 후배가 계산하는 모습을 싫어하는 선배들도 분명 있다. 승진했거나 뭔가 좋은 일이 있을 때는 대놓고 자신이 산다고 하면 선배도 덜 부담스럽다. 식사나 술자리에서 듣는 기관의 다양한 정보와 주요 관리자들에 대한 뒷이야기까지 공유되면서 단순한 동료가 아닌 끈끈한 동지가 될 수도 있다.

직장생활에서 발생하는 모든 상황에 이런 원리를 적용하면 된다. 업무도 신입 직원에게는 난이도가 낮거나 양도 적게 주지만, 자기 일이 끝났다고 퇴근할 것이 아니라 주변 동료나 선배들을 도와주려는 노력도 하길 바란다. 그러면 인간적 친밀감이나 우호적 관계를 형성할 수 있을 뿐만 아니라 주변 업무를 배울 수도 있다. 내 업무에서는 절대로 알 수 없었던 기관 운영과 관련한 고급 정보를 듣거나 볼 수도 있다.

이 대목에서 필자의 생각을 도저히 이해할 수 없다는 직장인도 있겠지만, 신입 직원이라면 처음 1년(이직해서도 마찬가지)은 조직을 배우고 동료애와 세상 살아가는 방식을 배운다고 생각하고, 구성원들에게 좋은 이미지는 물론 함께 일하고 싶은 사람이 돼야 직장생활 하기 편하다는 것을 잊지 않았으면 좋겠다.

친해지기까지는 다소 어색한 시간이 흐를 수 있다. 조직에 새로운 사람이 들어오면 누구나 태연한 척하지만 서로를 관찰하는 시간이 있다. 그래서 조직에 빨리 적응하는 것도 필요하지만, 선배나 동료에게 신뢰감을 보여야 믿음이 생기고 쉽게 가까워진다. 상사나 선배가 시키지 않더라도 누군가 해야 할 일이면 내가 한다고 먼저 손들어라. 알면 아는 대로 하고, 모르면 배워서 하겠다고 하면 된다. 그러면 자연스럽게 의욕적이고 적극적인 사람이라는 좋은 평판이 만들어지면서 본인으로서는 손해 볼 것 하나도 없다.

이럴 때, 이 직원이 새로운 일을 할 수 있을지 없을지, 해도 될 정도의 양인지, 난이도는 어떤지, 다른 일에는 지장이 없는지, 팀장은 분명히 알 것이므로 업무 배정을 결정한다.

그런가 하면 그 일이 자신에게 떨어지지 않도록 벽부터 치는 직원이 있는데, 팀장은 그 행태를 다 알고 있다는 것을 명심하자. 아무리 훌륭한 대학을 나오고 우수한 성적으로 졸업했더라도 신입 직원의 직무 능력은 한계가 있다. 전공과 관련된 업무라도 처음부터 잘하기는 어렵다. 이론과 현실에서 많은 차이가 있음을 절실히 느끼게 될 것이다. 그래서 기업에서는 직무에 필요한 소양 교육이나 현장 교육에 많은 시간을 할애하는 것이다.

그런데 필자가 재직한 두 기관에서는 신입 직원에게 조직에 잘 적응할 수 있는 자세나 태도, 업무 보고 요령, 보고서 작성 요령 등 조직 생활에 꼭 필요한 기초 교육이 부족한 편이다. 이런 기본 교육을 개인이 알아서 비용 내고 수료증과 성적표를 제출하라고 하면 짜증을 내거나 하지 않을 것이다. 하지만, 신입 직원으로 직장에 소속되는 순간부터 배운다는 자세가 중요하다. 업무 지식과 분위기를 빨리 습득하고 자기만의 능력을 발휘할 수 있는 여건을 만드는 것이 성장의 지름길이다.

내가 낮은 자세로 임하면 뭐든지 들어오게 돼 있다. 신입 직원이 조직에서 가장 낮은 존재임을 명심하고 자신을 스스로 낮추길 바란다. 그러다 보면 어느 순간 나에게 많은 것이 축적돼 있음을 느끼는 날이 올 것이다.

시간이 흘러 부서 내에서 업무 순환이 이루어지면 하기 싫은 일, 적성에 맞지 않는 일을 할 수도 있다. 그러다 보면 실수도 하고 흥미를 잃을 수도 있다. 하지만, 그 일을 지금 하지 않으면 누군가 하겠지만, 나중에 하고 싶어도 못할 수 있다. 그 일을 하기에 적절하지 않은 고참이 돼 있거나 관리자가 됐을 때, 직원이 그 일에 관해 물어봐도 그 일이 얼마나 어려운지, 어디가 핵심인지 알려 줄 수가 없다.

필자가 생명(연)에서 19년 7개월 근무하고 보의(연)으로 전직할 때, 이 정도 경력이면 어떤 일이든 다 할 수 있을 것으로 생각했다. 하지만 기관 설립 준비팀에 참여하면서 내 경력이 그렇게 화려하지도 않고 특정 분야의 일부에 불과하다는 것을 절실히 깨달으면서 큰 충격을 받았다.

이렇듯 행정직 신입 직원에게 전공과 적성은 중요하지 않다. 전문 분야가 아닌 이상 행정 업무는 주어진 일에 얼마나 관심을 가지고 정성을 다하는가에 따라 성과가 달라진다. 전문 분야 역시 자기 분야를 잘하는 것이 기본이다. 그것을 기반으로 인간성과 소통 정도에 따라 자신의 가치는 달라진다.

또 하나, 신입 직원에게 '주어진 일에 최선을 다하겠다'는 자세가 최고의 자세라고 할 수 있다. '이것은 싫고 저것은 좋아한다거나, 어느 팀은 가기 싫고 누구와는 일하기 싫어한다'는 소문이 나면 인사가 매우 제한적일 수밖에 없고, 인사 평가에서도 다른 직원 밑에 깔릴 수밖에 없다.

조직에서는 어떤 일이든 맡길 수 있는 인재가 인기 있고, 어느 부서에서도 함께 일하고 싶은 사람이라면 당연히 성장할 기회도 많아진다. 중요한 것은 그러한 일련의 과정에서 나의 태도와 성과는 직속 상급자인 팀장(부장)과 부서장의 눈과 마음에서 늘 관리되고 있다는 것이다. 아무도 안 보고 모르는 것 같지만, 누군가 어디선가 매의 눈으로 지켜보고 있다. 상황에 따라서는 타 부서 부서장도 관심 있게 지켜보고 있다는 것을 잊지 마라. 팀원들 사이에서도 그런 사람을 좋아하는 것은 당연하다.

힘들고 어려운 일 하니까 월급 준다

신입 직원으로 해당 부서(팀)에 배치되었다면 이제부터 '행복 시작'이 아니라 '게임 시작'이라고 생각하라. 취업이 정년을 보장해 주는 것이 아니라는 건 IMF(1997. 12.) 때 뼈저리게 느꼈지만, 그 역시 그 시대 사람들만의 경험이라 지금 세대는 잘 알지 못한다. 어느 조직이든 상황이 어려워지면 누구라도 구조 조정을 위한 정리해고자 명단에 오를 수 있다. 살아남기 위해서는 빠른 적응력과 조직에 꼭 필요한 자신만의 필살기가 있어야 한다. 조직이 바라거나 사회에서 요구하는 기본 실력과 인품을 갖추지 않으면 도태되기 때문이다.

학교에서 아무리 많이 배워도 실전에서는 많이 다르고 부족할 수밖에 없다. 학문적인 것을 공부했거나 단기 실습, 인턴 경력은 있으나 실전은 처음이기 때문에 당분간 기본적인 일만 하게 된다. 설사 비중 있는 업무를 맡았더라도 혼자 처음부터 끝까지 처리하기에는 선배나 팀장의 조력이 있어야 한다. 특히 인턴 경력을 현장 경험이 풍부하다고 내세우고 싶겠지만, 선배와 관리자가 느끼는 인턴은 말 그대로 실습생에 불과하다.

공공기관에서는 업무 성과나 책임 소재가 있어, 인턴 직원에게는 실무자를 도와주는 정도의 역할만 한다는 것을 선배나 전임자는 잘 알고 있다. 그렇게 공간도, 분위기도, 사람도, 업무도 어느 것 하나 익숙한 것이 없으니 하는 것마다 서툴 수밖에 없는데, 성실함마저 없다면 적응하기도, 살아남기도 어렵다.

학교 공부는 나 혼자 하지만 직장은 팀이나 부(部), 실(室), 프로젝트 단위로 함께 일하는 곳이다. '내가 하지 않아도 누군가 하겠지'라는 생각보다 '누군가 할 일이면 내가 먼저 하려는 자세가 필요하다.' 내가 하기 싫은 일은 다른 사람도 싫어한다. 공동의 이익을 위해 누군가 해야 한다면 내가 한다는 마음으로 행동해야 한다. 그러면 언젠가 없어서는 안 되는 꼭 필요한 구성원이 돼 있을 것이고, 인사 평가 때는 기대하지도 않았는데 좋은 결과가 나올 수 있다. 인사이동 때 역시 여러 부서에서 팀장이나 직원들이 함께 일하고 싶어 하는 사람이 돼 있을 것이다.

반대로, 자신의 이익만 바라거나 기존 업무에 추가 업무를 요구했을 때 다른 업무를 걷어내는 조건을 제시하거나 쳐내기만 하고, 남이 안 하는 것은 자신도 하지 않는 이기적인 사람으로 인식된다면 기피 대상이 돼 있을 것이다. 머리만 좋고 약삭빠른 직원은 주변 동료나 팀장들로부터 신뢰를 얻지 못하고 그 조직에서 오래 버티지도 못한다. 상급자나 팀장, 부서장은 자신들의 생각과 상식, 경험, 조직 문화를 바탕으로 평소 직원들의 행태를 마음에 담아 뒀다가 인사 평가 기간에 반영한다. 관리자들의 인사 평가는 직원 개개인의 미래가 달라지는 중요한 요소이니 평소의 행동과 언어가 나를 평가하는 기준이 될 수 있음을 잊지 마라.

직장인은 대부분 아침 9시부터 오후 6시까지 근무한다. 유연근무제를 시행하는 곳에서는 시간을 탄력적으로 운영하기도 하지만, 대개 8시간 근무에 점심시간 1시간을 포함하면 총 9시간이다. 그리고 정해진 시간 이전에 출근하고 조금 늦게 퇴근하는데, 입사 전 생활 방식이 근무 시간과 차이가 크다면 힘들겠지만, 이제는 맞춰야 한다. 특히, 출근할 때 1분, 3분 때문에 전철이나 버스에서 내리자마자 100미터 달리기를 하듯 뛰어가는 사람을 보면 안타깝다.

그렇게 뛰는 사람은 늘 뛴다. 생활 방식을 10분, 30분만 앞당기면 오히려 신선한 아침 공기를 마시며 기분좋게 출근할 수 있다. 일찍 출근한 김에 사무실 창문을 열고 실내 공기를 환기시키면서 "오늘도 활기차게 출발!" 하고 외치면 별것 아닌 것 같지만 공공기관 구성원으로서 자부심이 생기기도 한다.

신입 직원의 옷차림은 깔끔하고 단정했으면 좋겠다. 옷차림은 단순히 멋을 내기 위함이 아니라 자신을 표현하고 각인시키는 방법이다. 필자는 처음 생명(연)에 출근하면서부터 30여 년 동안 양복과 와이셔츠에 넥타이를 매고 구두를 신었다. 그러다 보니 특정일에 양복 대신 평상복을 입고 가면 "오늘 어디 가세요?"라는 질문을 받곤 했다.

반대로, 평상복을 자주 입는 사람이 특정일에 양복을 입고 출근하면 사람들이 "어디 가세요?" 하고 물어본다. 이 경우 그는 대부분 학회나 출장, 세미나 또는 학회 발표자로 참석하기 때문이다. 발표자나 토론자, 진행자로 지명된 사람이 옷을 깔끔하게 입고 가는 이유는 무엇일까? 그건 누군가에게 잘 보이기 위해서가 아니다. 전문가로서, 진행자로서 신뢰받기 위해서다. 그 자리에 평상복에 샌들을 신고 참석한다면 그 자체로 준비되지 않은 사람이고 예의 없는 사람으로 인식해 그의 말을 신뢰하지 않을 수 있기 때문이다. 이렇듯 깔끔한 외모와 단정한 옷차림은 그 사람의 호감도를 높여 준다.

또, 처음에는 낯설고 모르는 사람이 많으니 보는 사람마다 인사하는 습관을 들이면 좋다. 인사 하나 때문에 선배나 타 부서 사람들의 눈 밖에 날 필요가 없다. 언젠가 순환 근무로 함께 일할 수도 있으니, 초반에 확실하게 각인시키는 방법은 인사밖에 없다. 예의가 없으면 일을 잘해도 선배나 상사의 눈 밖에 날 수 있다. 반대로 업무상 사소한 실수를 해도 평소에 쌓아놓은 신뢰로 쉽게 해결할 수도 있다.

처음 1~2개월은 나를 낯선 사람(업체 관계자나 외부인)으로 취급할 수도 있으니 상급자나 고위직, 기관장같이 생긴 사람을 만나면 "안녕하세요. 이번에 새로 들어온 OOO팀 OOO입니다"와 같이 소속과 이름을 말하라. 전혀 손해 볼 것이 없다. 또 그렇게 인사하는 사람이 거의 없어 확실하게 각인시킬 수 있을 것이니 믿고 실천하기 바란다.

직장생활은 100미터 달리기가 아닌 긴 마라톤이고, 내가 은퇴할 때까지 해야 하는 장기전이다. 하기 싫다고 안 하는 방법은 오로지 퇴직뿐이다. 직장에서 월급을 받으려면 하기 싫어도 해야 한다. 드라마 '대행사'(JTBC, 연출 이창민)에서도 비슷한 대사가 나오는데, "힘들고 어려운 일 하니까 그 보상으로 월급을 주는 것이다. 직장생활이 즐겁고 쉬우면 놀이공원 가는 것처럼 입장료 내고 다녀야 할 것이다." 가수 겸 엔터테인먼트사 대표인 박진영 씨가 한 예능프로그램에 나와서 이렇게 말했다.

"같은 거 매일 하면 지겹다. 그 지겨운 것을 이겨내는 사람이 성공한다. 하지만 별 노력도 하지 않고 성공하는 사람이 가끔 있다. 매일 술 먹고 팽팽 노는 사람이 뭔가 할 때는 겁나게 잘하는 사람이 있다. 문제는 오래 못 간다. 짧게 보면 노력한 사람과 안 한 사람이 별 차이가 없다. 그런데 길게 보면 확연한 차이가 있다. 그래서 실력이 뛰어난 것이 중요한 게 아니라 성실하게 살아가는 그 마음이 중요한 것이다."

업무 순환에서도 내가 가고 싶은 부서, 내가 하고 싶은 일만 할 수 없다. 싫어도 하다 보면 나중에 소중한 경험이 되고, 하기 전에는 몰랐던 새로운 매력을 찾게 되면서 그것이 나의 장점이고 강점이 될 수도 있다.

필자는 생명(연) 연구사업관리팀에서만 6년 7개월 근무했는데 결국 그것이 강점이 되어 프론티어사업단 파견 근무의 기반이 되었고, 그러면서 사업관리부문 전문가로 인정받아 과학기술부 산하 23개 프론티어사업단 안정화의 벤치마킹 대상 사업단이 되면서 필자의 인지도가 올라갔고, 그것을 기반으로 보의(연) 설립 준비팀에 합류하는 계기가 되었다.

직장생활 하다 보면 때로는 과로와 스트레스 같은 복병을 마주하거나 업무와 사람에 치이면서 권태기를 맞기도 하는데, 자신만의 건강관리법, 스트레스 해소법 한두 가지는 꼭 있어야 건강도 챙기면서 어려움을 헤쳐 나갈 수 있다. 남들 술 마신다고 같이 술 마시고, 담배 피우고 과로하고, 주말에 늦잠 자다 보면 젊음도 건강도 다 잃어버릴 수 있다. 건강은 조직에서 절대 챙겨주지 않는다. 건강을 잃으면 직장에서 아무리 큰 성과를 이루었어도 아무 의미가 없다. 아파서 휴가 내고, 병가 내고, 회복이 안 되어 퇴직하더라도 조직은 절대 아쉬워하지 않는다. 내 자리를 다른 사람에게 양보하는 것밖에 의미가 없다. 그리고 내가 하던 일은 또 다른 누군가가 할 것이고, 조직 운영에는 아무런 문제가 되지 않는다는 점을 명심하기 바란다.

뽑았으면 믿고 맡겨라

직원 채용 과정에서 지원자가 높은 지위까지 올라가길 바라며 심사하지는 않을 것이다. 하지만, 확률은 아주 낮을지라도 그럴만한 자질이 있는지 잘 살펴봐야 한다. 기관에서는 적당히 쓰고 버릴 사람을 뽑는 것이 아니다. 속을 알 수 없는 것이 사람이고, 어떻게 변하고 성장할지 고민은 많지만, 확신할 수 없으면 채용하지 않는 것이 좋은 결정이라고 할 수 있다.

삼성 고 이건희 회장이 "애매하면 뽑지 말고 뽑은 후에는 믿고 맡겨라"는 인력 관리의 명언을 남겼다. 사원과 관리자, 임원에게 필요한 자질은 다르지만, 일단 채용된 사람은 그 직장의 인재 후보라고 할 수 있다. 사원 때 잘했던 사람이 관리자나 임원으로 승진할 가능성은 크지만, 꼭 그렇지 않을 수도 있다. 설령 승진하더라도 사원 때보다 잘할 거라는 보장 역시 미지수다.

그 반대의 경우도 있지만, 사원 때 그 싹은 어느 정도 엿볼 수 있다. 다양한 사람들로 구성된 조직에서 전문적이고 경쟁력 있는 분야에서 자기 능력을 발휘하려면 인간적인 요건이 가장 선행

되어야 한다. 아무리 성과를 잘 내는 리더라도 구성원들과 화합하지 못하고 팀워크를 저해하는 인성을 가진 사람은 자신의 능력이 사장될 가능성이 크다.

우리나라 축구 국가대표가 2014년 브라질 월드컵(2014. 6. 12.~7. 13.)에 출전해 1무2패로 16강에 탈락했을 때, 홍명보 감독이 당시 기자의 물음에 "우리 선수들은 최선을 다했다. 이번 월드컵을 통해 좋은 경험을 했다. 앞으로 더 도전하고 발전해야 한다"라고 대답하자, 당시 해설(KBS)을 맡았던 전 축구 국가대표 이영표 씨가 "월드컵은 경험하는 자리가 아니고 증명하는 자리다"라는 의미 있는 말을 했다. 이처럼 취업에 성공한 직원의 능력은 입사 후에 만들어지는 것이 아니라, 타고났거나 입사 전에 형성된 개인의 가치를 기관이 선택한 것이다.

그래서 지원자는 서류와 면접을 통해 자기 능력을 증명해야 하고, 면접관은 채용 과정에서 소통 능력과 업무 수행 실적 등을 서류로 확인하고, 면접 과정에서 그것이 사실인지와 성장 가능성을 파악할 수 있어야 한다. 따라서 이런 능력은 수습 기간에 선배들이나 팀장에게 검증받는다. 그러면서 차츰 자신의 가치를 인정받는 것이다.

그리고 입사하면 많은 사람들이 자신을 주목하고 있다는 것을 명심하기 바란다. 또 큰 조직이든 작은 조직이든, 오래된 조직이든 신생 조직이든 나쁜 정보는 비밀 보장이 안 되니 말과 행동을 조심해야 한다. 입사 과정에서 보여 준 모습은 어느 정도 연출된 것이므로 선배나 상사, 동료들은 입사 초기에 인간적인 면을 유심히 관찰하고 업무 처리 능력을 판단하게 된다.

장점이나 긍정적인 면을 드러내는 것도 중요하지만, 부정적인 면을 드러내지 않는 것이 더 중요하니 신중하게 행동해야 한다. 긍정적인 것보다 부정적인 것이 알려지는 속도나 범위, 여파가 훨씬 크고 빠르기 때문이다. 부정적 성향이 드러나면 직장 생활 내내 꼬리표처럼 따라다니며 발목을 잡을 수도 있다.

또, 인성이 좋은 지원자라고 해도 면접관 입장에서는 일에 대한 열정과 근성을 파악하기 어려우므로 지원자는 최대한 자신의 특장점을 보여 줘야 한다. 어쩌다 다소 부족한 지원자가 채용되더라도 시간이 지나면서 금세 바닥을 드러내기 때문에 신경 써서 면접에 임해야 한다. 다만, 인간적인 바탕이 어느 정도 완성된 사람이 일을 잘해서 성과를 내고 그것이 조직의 발전으로 이어지고 좋은 문화가 정착되길 바라기 때문에 품성을 중요시하는 것이다.

신입 직원이 관련 분야의 전문지식이 있어도 1년 이상 업무를 해 보고 혼자 원활하게 수행할 때 그 직원을 신뢰한다. 그래서 입사 1년 차에 필요한 업무 지식이나 전문성은 제한적일 수밖에 없다. 하지만, 입사 1년 차가 일을 대하는 태도나 몰입도는 그의 미래를 가늠해 볼 수 있는 척도가 되므로 아주 중요하다. "옥은 천 년을 땅속에 있어도 그 빛을 잃지 않고, 향기는 백 겹의 종이에 싸여 있어도 그 향기가 배어 나옴을 막을 수 없다"는 말이 있듯이, 자기 분야에 전문성이 있고 주변 사람들로부터 능력을 인정받는다면 자연스레 드러나게 돼 있다.

또한, 개인적으로 우수하고 일에 대한 몰입도가 높더라도 조직 전체가 긍정적으로 나아가는 데 걸림돌이 된다면 함께 가기 어렵다. 개인 능력은 좀 부족해도 조직을 생각하는 마음(조직 지향성)이 크면 오히려 유리하다. 이런 자질들이 신입 직원 때는 드러나지 않지만 관리자들에게는 다 보인다. 업무 담당자로 그다지 두각을 나타내지 못한 사람이 나중에 팀장과 부서장 등 관리자로 성장하는 것은 '조직 지향성'이 다른 직원들에 비해 뛰어났기 때문이다.

핵심 인재로 성장하기

처음 취업하면 조직에 대해 아는 것이 없고, 할 수 있는 것도 제한적이다. 학교에서 배운 지식만으로 직장일을 할 수 있는 것이 아니라는 것을 금세 깨닫게 된다. 자신의 업무가 무엇이고 왜 하는지, 문서 작성은 어떻게 하고, 기획서는 어떻게 쓰는지 선배들이 작성한 문서를 보고 하나씩 배워 나가야 한다. 그래서 대부분 6개월이라는 수습 기간을 둔다. 그 기간이 끝나면 자신이 입사한 이유와 조직에 대한 개념, 역할 등을 알고 무엇을 하고 어떻게 해야 성장하는지 감이 잡히고 의욕도 생기기 시작한다.

그러면서 학교 공부같이 혼자 노력하면 되는 것이 아니라 사람들과의 소통, 업무와 관련된 법과 규정, 절차 등을 습득하면서 내가 맡은 업무에 전문가가 돼야 한다. 그렇지만 생각처럼 일이 잘 되지 않아 팀장이나 중간 관리자들로부터 지적받고 혼나면서 답답해하기도 하고, "내가 이것밖에 안 되나?" 하고는 자책도 한다. 의욕도 있고 어떻게 해야 하는지 알겠는데 생각만큼 성과가 나오지 않는다. 거기에다 성격이 괴팍한 선배나 팀장을 만나면 더 힘들 수 있다.

신입 직원이 어려워하는 것 중 하나가 바로 팀워크다. 축구나 농구, 배구, 야구 등 운동선수들도 마찬가지인데, 구단에서 많은 돈을 들여 영입했다면 이 선수는 경기에 출전해서 팀이 승리할 수 있도록 활력을 불어넣어 주고 골을 넣거나 승점을 따고, 안타와 홈런도 쳐야 한다. 신입 직원은 자기에게 맡겨진 업무 처리도 바쁜데 구성원과 소통도 해야 하고 팀 성과를 위해 협업도 해야 한다. 그러면서 자연스럽게 동료나 타 부서 팀원들과 마찰이 생기기도 하니, 성과도 중요하지만 동료나 타 부서 직원들과의 원만한 소통이 중요하니 신경 쓰기 바란다.

신입 직원보다 조금 앞선 2~3년차 직원은 일처리 능력이 늘어 약간의 자만심을 갖게 되는 시기라고 할 수 있다. 즉, 운전을 시작하고 2~3년째 자신감이 붙어 속도를 내면서 스릴을 맛보는 시기라고 할 수 있다. 그러면서 천천히 가는 앞차 운전자에게 "왜 앞에서 걸리적거리는 거야! 비켜~" 하거나 경적을 울리고 전조등을 켜면서 기싸움을 하는 시기라고 할 수 있다. 이 모습이 신입 직원 2~3년 후의 모습일 수도 있으니 자만은 금물이다.

수습 기간이 끝나면 이제부터 성과를 내는 것도 중요하지만 조직에서는 이들이 더 성장할 수 있도록 업무 수행 방식이나 노하우를 공유하는 시기라고 할 수 있다. 즉, 이들에게 선배나 관리자의 코칭이 필요한 시기라고 할 수 있는데, 주의할 것은 선배나 관리자가 자칫 '훈수충(訓手蟲, 남의 일에 훈수를 두는 정도가 심한 사람)'이 되지 않도록 사전에 업무 능력을 인정받을 수 있어야 한다. 또, 서로 신뢰와 공감대가 형성되도록 노력해야 한다. 이것도 선배나 팀장의 일방적인 접근보다는 직원 스스로 찾아와 부담 없이 질문할 수 있는 환경이면 더 좋겠다. 이때가 조직의 핵심 인재로 자리매김할 수 있는 가장 중요한 시기다.

이때 선배나 팀장이 알려 주는 노하우를 스펀지처럼 잘 받아들일 수도 있지만, 일방적으로 자신의 경험(특히 자신이 고생한 경험)을 전달하는 방식으로 몇 마디 거들었다가 '꼰대'소리를 들을 수도 있다. 그런가 하면 선배나 팀장의 노하우를 알고 싶어하지 않는 직원도 있다. 이들은 현재 수준의 일만 하려고 하면서 팀에 급한 상황이 발생하거나 기관장의 지시나 상급기관의 요구에 따라 새로운 업무가 떨어져도 그건 나와 상관없는 일이고, 자신의 영역을 침범하지 않기만을 바라는 유형으로 관리자들이 힘들어하는 직원이다.

　그럼에도 신입 직원이 능력을 발휘하고 성과를 내도록 선배나 팀장이 끈기를 가지고 체계적으로 이끌어 주어야 한다. 그들이 좀 서툴더라도 틀렸다고, 지시한 대로 하지 못했다고 면박을 줄 것이 아니라 지지와 격려, 칭찬과 신뢰를 보내는 것이 그들에게 소속감과 자신감, 용기를 북돋아 주는 것이다. 선배나 관리자들도 그런 과정을 거쳐 지금의 자리에 있다는 것을 생각하면서 지도해 주면 좋겠다.

　그리고 신입 직원이 내·외부에서 진행하는 교육 과정에 참여해서 배우면 된다는 생각보다 현장에서 선배나 팀장의 경험을 공유해 주는 것이 최고의 코칭이라고 생각한다. 외부 기관과의 소통 방식을 알려 주고, 어떤 부분을 신경 써야 하는지 실전 노하우를 알려 줘야 업무를 제대로 배울 수 있고, 그 직원이 후배 직원에게 전수할 때도 배운 대로 알려 줄 수 있다.

　일반적으로 10년 일한 직원과 5년 일한 직원, 1년 일한 직원의 업무 수행 능력은 차이가 있게 마련이다. 하지만, 신규 직원의 자세나 자기계발 정도, 또는 선배 직원의 태도 등에 따라서 신입 직원이 선배들보다 더 나은 성과를 내기도 하는데, 이런 직원이 조직에 꼭 필요한 사람이다. 조직은 이런 직원이 성장할 수 있도록 시스템적 지원과 꼼꼼한 관리가 필요하다. 이렇게 성장한 직원이 조직의 핵심 인재가 되고 좋은 성과도 낼 것이며, 좋은 관리자가 되는 것은 자명한 일이다.

승진, 나의 가치를 인정받는 것

공무원과 공공기관, 민간기업 할 것 없이 승진에 예민하지 않을 직장인은 없다. 변호사, 노무사 등 전문 직종이나 연예인, 운동선수에게는 없지만, 직장인은 승진을 위해 일한다고 해도 과언이 아니다. 승진이야말로 나에 대한 총체적인 평가이고, 보수가 올라가는 확실한 수단이면서 가치 상승의 바로미터(사물의 수준이나 상태를 아는 기준)다. 그래서 추우나 더우나, 비가 오나 눈이 오나 아침마다 출근하는 이유이기도 하다.

필자가 군에 입대해 이등병일 때 말년 병장이 "너는 언제 제대하냐?"라고 물어봐서 생각해 보지 않았다고 대답하자, 한번 생각해 보라고 해 잠시 제대 시점을 환산해서 말했더니 군기가 빠졌다고 얼차려를 받은 적 있다. 입대하자마자 전역을 생각하는 것 자체가 군기가 빠졌다는 것이다. 취업 준비생이나 갓 입사한 직원에게 승진은 너무나 먼 다른 나라 이야기라고 할 수 있지만, 알고 대처하는 것과 그렇지 않은 것은 차이가 있으니 알아 두면 좋겠다.

필자 역시 20대 후반에 입사해서 한 번의 전직과 퇴임 때까지 총 4번의 승진이 있었다. 이때 무엇을 준비해야 하는지 알아보자. 필자가 근무했던 생명(연)과 보의(연)의 경험과 사례를 중심으로 소개하는 것이니, 이후에 나오는 횟수나 절차 등은 기관마다 차이가 있다는 것을 감안해서 읽기 바란다.

승진은 평소 근무 태도나 업무 지식, 실적, 전문성, 근면성, 소통 정도 등을 매년 평가해서 성적(S, A, B, C, D, E)이 매겨진다. 이것이 누적되어 최근 2~3년의 근무 성적과 업무 성과, 각종 가점 등이 반영된 최종 점수가 기관에서 정한 기준에 포함될 때(List, 3배수 또는 5배수) 승진 대상자가 된다. 하지만 승진 명단에 올랐다고 해서 다 승진하는 것은 아니다. 그해 승진할 수 있는 정원(T/O, Table of Organization의 약어)이 정해져 있어 그 순위 안에 들어야 승진할 수 있다.

기관별 인사위원회에서 후보자를 한 명씩 분석하고 토의한 후 대상자를 결정한다. 이 과정에서 대부분 T/O 안에 포함된 후보자가 승진하지만, 상위 대상자에게 결격사유가 발생하면 순위가 바뀌어 차상위자가 최종 승진자로 확정될 수도 있다. 심의에서 탈락한 사람은 '이의신청'을 할 수 있는데, 심의 과정에서 확인하지 못한 결정적인 사항이 빠졌거나 자료의 결정적 오류(점수 합산 오류 등)로 인해 순위가 바뀌는 사항이 아니면 받아들여지는 경우는 거의 없다. 이의신청은 인사 평가에서도 마찬가지다.

어느 기관에서 강의 중에 필자에게, 어떻게 하면 인사 평가를 잘 받을 수 있는지와 빨리 승진할 수 있는지를 묻는 사람이 있어 이렇게 대답했다.

"승진은 인사 평가의 축적과 개인 성과로 이루어지는 것으로 평소 업무 수행에 따른 성과는 기본이다. 모두에게 비슷한 양의 업무가 배정되기 때문에 업무 성과만으로는 변별력이 떨어진다. 성과를 많이 내라는 것이 아니라 자신에게 부여된 업무를 문제 없이 효율적으로 수행하는 것은 기본이고, 직원 간 소통 정도나 인성, 언행 등 1차 평가자와 2차 평가자가 긍정적으로 느낄 수 있을 만큼의 태도를 보이면 된다. 업무 수행을 기본으로 본다면, 팀 동료들과의 소통이나 부서 내 소통, 타 부서 담당자 간 소통이 가장 크다. 말 한마디라도 상대방을 배려하고 상대가 원하는 정보나 결과를 위해 나의 평소 언행이 포함된 자기관리가 나의 전부라고 해도 과언이 아니다. 담당 직원들 간의 소통 정도나 신뢰도는 팀장이나 부서장 귀에 저절로 들어간다. 타 부서 사람들이 직원에 대한 소통 정도나 봉사, 희생, 책임감 등을 그들이 보고 느낀 대로 말해 주기도 한다.

예를 들어 '김OO의 말투가 퉁명스럽고 거칠어서 우리 팀원들이 힘들어한다'든가 '우리 팀원이 김OO의 도움을 많이 받아서 고마워한다', '기관의 어려운 일을 해결해야 할 때는 늘 박OO이 있다' 등과 같이 다양한 사례가 걸러지지 않고 전달되는데, 정작 본인들은 알지 못한다.

강조하는 의미로 한마디 더 보태면, 인사 평가나 승진하는 과정에서 나에게 가장 많은 영향력을 행사하는 사람은 직속 상급자이니 그 사람에게 인정받는 것이 가장 중요하다. 팀에서 나만 평가받는 것이 아니지만, 그럼에도 내가 관리자 눈에 띄고 가슴에 꼭 박혀야 한다는 것을 강조하고 싶다. 어떻게 해야 하는지는 본인의 노력에 달렸다. 그렇다고 아부하고 뇌물 주라는 것은 아니니 새겨듣기 바란다.

이런 말이 마치 꼰대처럼 들릴 수도 있지만, 결과적으로 인사 평가가 잘 나오는 사람이 남들보다 빨리 승진한다. 결국, 모든 것은 태도에 달렸다고 말하고 싶다. 일을 잘하려는 마음가짐과 사람들과의 소통, 근무 자세 등 내가 할 수 있는 것은 다양하게 있으니 매사에 긍정적인 생각으로 임하길 바란다. 일은 좀 서툴더라도 사교적이거나 팀과 동료, 조직을 위해 자기 역할을 다하려는 태도를 보여 준다면 그것으로도 팀장이나 관리자의 마음을 움직이기에 충분하다.

동료나 선배, 후배 등에게 "나는 인사 평가 잘 받고 당신들보다 먼저 승진하려고 일하는 것이 아니다. 나는 원래 이런 사람이다"라는 것을 말과 행동으로 보여 주면 굳이 인사 평가나 승진에 얽매이지 않아도 남들이 부러워하는 사람이 돼 있을 것이다. 인사 평가와 승진을 위한 태도가 아니라, 일을 잘하고 성과를 잘 내기 위한 태도를 보이면 승진은 저절로 따라온다.

간혹 인사 평가 결과가 자신이 원하는 대로 나오지 않거나 승진에서 탈락한 직원이 "나는 성과도 많이 내고 일도 많이 하는데 왜 결과가 좋지 않나요?" 하고 따지는 경우도 있다. 인사 평가나 승진은 업무 실적 하나하나를 평가하는 것이 아니라 발전 가능성과 리더십을 기반으로 조직에 필요한 사람인지를 평가하는 것이다. 그래서 일은 기본으로 잘해야 한다. 그리고 반복되는 이야기지만 팀장과 부서장이 좋게 평가할 수 있도록 본인의 평소 태도가 중요하다는 것을 강조하고 싶다.

결국, 인사 평가를 잘 받거나 승진하기 위해서는 성실하고 진정성 있는 자세로 최선을 다하되 티 나지 않게 이행하면 인사 평가를 잘 받거나 승진을 위해 따로 노력하지 않아도 자신의 가치를 인정받을 수 있다.

실력 있다고 할 수 있는 것이 아니다

2025년 1월 기준 331개 공공기관이 가지고 있는 공통점 중 하나는 인사 적체가 심하다는 것이다. 어느 기관도 승진에 여유 있는 곳은 없다. 기본적으로 승진하지 못한 상위 직급 직원들의 중도 퇴사가 거의 없고 상위 직급의 정원도 하위직에 비해 그 수가 적고 여유가 없어 승진 경쟁은 언제나 치열하고 탈락자들의 불만은 높을 수밖에 없다.

민간기업이나 금융권에서는 50대 초·중반에 승진에서 탈락하는 사람은 명예퇴직이나 희망퇴직으로 유도하여 적체를 해소하기도 한다. 기업도 탈락자들이 퇴직할 수밖에 없는 조직 문화가 있을 것이다. 하지만, 공공기관은 승진 탈락자라고 해도 본인이 퇴직하기 전까지는 퇴직을 강제할 수 없다. 괜히 퇴직을 유도해서 고용노동부에 부당해고로 신고하면 기관은 그 후속 조치에 어려움을 겪기 때문에 조심하고 있다. 이렇듯 승진은 못하더라도 정년이 보장되기 때문에 인사 적체가 끊이지 않는다.

최근 신문 기사에 따르면(중앙일보 2024. 6. 10.) 국내 어느 기업에서는 고액 연봉과 승진을 갈망하기보다는 '승진거부권'을 요구하면서 정년까지 '가늘고 길게' 안정적으로 직장생활을 하려는 움직임이 나타나고 있다고 한다.

생명(연)과 보의(연)에서도 매년 승진 심사 시기만 되면 직원들이 민감할 수밖에 없다. 승진 대상이면서도 인사 평가 결과가 좋지 않아 승진 명단에도 올라가지 못하는가 하면, 명단에 올라가도 T/O 문제로 탈락하는 사람도 있다. 인사위원 중에는 본인 소속 직원에 대해 가장 잘 알고 있지만 T/O가 부족해 승진하지 못하는 것이 안타까워 건의를 해 보는데, 다른 부서도 마찬가지여서 강력하게 요구하지 못한다.

인사 평가나 승진 심사가 끝나면 결과에 불만을 품고 부서장이나 기관장 면담을 통해 억울함을 토로하는 직원도 있다. 그리고 휴가를 가거나 육아 휴직을 신청하기도 하고 퇴직하는 직원도 있다. 탈락한 당사자는 억울하고 아쉽겠지만, 부서장 역시 소속 인력의 승진을 위해 끝까지 노력하고 있다는 것을 직원들이 알아 주면 좋겠다. 결국 승진할 사람이 승진하게 되는데, 팀이나 부서에서 자기 역할(앞에서 말한 조건들)을 잘 해내는 사람이 인사 평가를 잘 받기 때문에 이런 직원이 승진할 확률이 높다.

불평불만을 늘어놓는 사람은 대개 자기 역할은 제대로 하지 않고 연공서열을 내세워 이번에는 자신이 승진해야 한다고 주장하지만, 조직에서는 팀과 조직, 기관에 도움이 되고 리더십 있는 사람을 승진시킨다.

누군가에게 도움을 주지는 못해도 피해는 주지 말아야 하는데, 그런 직원도 있다. 일부 직원은 연봉 이상으로 충분히 일하고 있다면서 자신을 적격자라고 주장하는데, 조직에서는 선택하지 않는다. 하지만 눈에 보이지 않게 자기 역할을 다하면서 불평도 하지 않고 기관의 결정을 존중하며 묵묵히 때를 기다리는 사람도 있다. 조직은 두 사례 중 누구를 승진시킬까? 자기가 승진되지 않았다고 불만을 토로하는 사람보다는 '때를 기다리는 사람'이 승진하는 것을 자주 보았다. 결국, 실력 있다고 다 승진할 수 있는 것이 아니라는 것을 명심하기 바란다.

1차 평가자, 2차 평가자

기업에서 말하는 '고객'은 그들이 판매하는 상품을 사거나 제공하는 서비스를 이용하는 사람을 말한다. 그 고객으로부터 수익을 창출해야 기업이 성장한다. 반면에 모든 공공기관의 '고객'은 국민과 관련 분야 전문가, 정책 입안자라고 할 수 있다. 양쪽 모두 이 고객이 직원 보수 지급의 원천은 되지만, 직원 개인으로서는 자신의 성장에 도움을 주는 실질적인 고객은 아니다.

그래서 기관장과 임원급 고위직은 하위직 직원 개인의 성장에 큰 영향을 주지 못한다. 그들이 모든 직원의 업무 태도나 담당 업무, 소통 정도까지 자세히 알지 못하기 때문이다. 또, 기관의 성장에 탁월한 성과를 내는 사람이거나 극한의 갈등을 일으키는 당사자가 아닌 이상 개개인의 존재와 능력을 다 알 수 없다. 퇴근 후나 주말에 밖에서 마주쳐도 하위 직원은 그들을 알아볼 수 있어도 상위 직급자는 직원을 잘 알지 못한다.

어쨌든 광의의 지원자라고 할 수는 있지만, 실제로 내가 직접 보고하고 지시받는 관계가 아니라 간접적으로 영향력을 행사하는 관계일 뿐이다. 즉, 승진 당사자 관점에서 자신을 평가하고 승진 조건을 만들어 주는 진정한 나의 고객은 바로 위, 또는 2단계 위 상사다. 내 위에 팀장이 있고 부서장이 있다면 팀장이 나의 1차 평가자, 부서장이 2차 평가자로 실질적인 나의 고객이자 나의 미래를 좌우할 수 있는 핵심 고객이라고 할 수 있다.

내가 작성하는 계획서와 보고서, 문서 결제를 위해 맨 먼저 만나서 검토 결과에 따라 피드백과 협의, 의사결정, 업무 지시 등을 하는 사람은 1차 평가자다. 기관에 따라 옆에 있는 선배가 나의 1차 평가자가 될 수도 있다. 이 사람이 나의 근무 성적을 평가하는 첫 번째 의사결정자이면서 가장 중요한 사람이라고 할 수 있다. 이 사람한테 잘 보이고 성과를 인정받는다면 그 위 부서장의 인정은 그리 어렵지 않다.

부서장이 나의 인사 평가나 승진에 중요한 열쇠를 쥐고 있지만, 1차 평가자한테 하는 것의 1/3만 해도 직장생활에 어려움이 없다. 어쨌든 직장생활에서 나의 위치나 성과, 평가, 승진 등은 이 두 사람의 평가와 의견이 99% 이상 영향력을 행사한다. 특히, 2차 평가자는 기관 내 중요한 의사결정 회의에 들어가는데, 직원의 인사 평가나 포상, 승진 심사위원회 위원이 될 가능성이 높다. 즉, 나와 관련된 인사 평가와 승진, 포상 등을 심사할 때 나에 대해 누가 물어보든, 누군가 흠집을 내는 발언을 해도 잘 대응할 수 있도록 평소 긍정적인 인상을 남겨야 한다.

심사 대상자 논의 과정에서 중요한 의견 제시나 긍정적 또는 부정적 의견을 말하는 상황이 종종 발생한다. 예를 들면, 승진 우선순위에 있는 직원과 평소 감정이 안 좋거나 문제가 많다는 소문을 들은 다른 부서 소속 위원이 차순위에 있는 자기 소속 직원이 커트라인에 걸려 탈락할 상황이면 강하게 어필해서 순위를 바꿔 승진시키려고 의견을 제시할 수 있다. 그러면서 승진 적격자 조정을 요구할 때, 승진 대상 직원 소속 인사위원은 대상 직원에 대한 최근 성과나 태도 등 긍정적 사항을 이야기해서 현행 유지를 위해 노력한다. 물론 최종 판단은 앞에서 이야기한 내용의 진위나 다른 위원의 의견을 듣고 위원장이 결정한다.

중요한 것은 1차, 2차 평가자를 잘 대하면 이 두 사람이 발전하거나 성장할 때 나도 함께 발전(성장)할 가능성이 커진다. 이 두 사람이 다른 부서로 이동해도 함께 일하기 좋은 직원을 찾거나 TF팀 구성을 위해 적임자를 추천할 때, 또는 순환 근무 직원을 선택할 때 본인이 검증한 믿을 수 있는 사람을 찾게 되는데, 내가 그 대상이 될 확률이 높다.

그래서 이 두 상급자가 성과를 냈을 때는 칭찬에 인색하지 않아야 한다. 업무 보고를 무사히 마쳤거나 까다로운 문제를 잘 해결했을 때 "팀장님, 업무 보고 하시느라 고생하셨는데 맛있는 점심 먹으러 가요!"라든지, "오늘따라 목소리가 아주 좋으시던데요!"라는 칭찬과 함께 커피 한잔 하자는데 기분 나빠할 상사는 없을 것이다. 단, 혼자 가지 말고 동료들과 함께 가야 오해받지 않는다.

또 그들이 새 넥타이를 매고 오면 "넥타이 멋진데요!"보다 "타이 색깔이 양복(팀장님)과 참 잘 어울립니다!"라고 한마디해 보라. 아첨이라는 고정관념은 버려라. 팀장도 부서장도 칭찬해 주면 좋아하기는 마찬가지다. 돈 들어가는 것도 아니고, 별도의 계획을 세워야 하는 것도 아니니 언제 어디서나 칭찬을 아끼지 말고 마음껏 베풀어라. 술 마시고 노래방 가서 "팀장님을 향한 나의 사랑은 무조건 무조건이야~~" 이렇게 하는 이유가 다 있다. 그렇게 했는데도 인사 평가나 승진에서 밀렸다면 나보다 더 적극적인 사람이 있다는 것으로 알고 분발해야 한다. 그가 선배라면 내년에는 내가 0순위가 되는 것이다.

나의 행동 결과는 언젠가 어떤 형태로든 나에게 다시 돌아온다. 나쁘게 하면 나쁜 결과로, 좋게 하면 좋은 결과로 돌아온다. 지금의 팀장, 부서장 대신 다른 사람이 와도 나의 기조가 바뀌면 안 된다. 사람에 따라 태도가 바뀌면 안 된다는 것이다. 상사는 바뀌지만 1차, 2차 평가자는 바뀌지 않는다는 것을 명심하자.

평가를 앞두고 인사이동이 있어 1차 평가자가 바뀌었다면,

후임자는 전임자의 의견을 물어 평가한다. 팀장과 부서장에 대한 나의 태도가 동료들이나 선배들에게 자칫 아부하는 사람으로 비칠 수도 있으니, 그들도 내 편이 될 수 있도록 평소에 인간관계를 잘해 두면 좋다.

변수(變數)와 운(運), 그리고 때[時]

앞에서 말한 대로라면 모든 사람이 때가 되면 팀장이나 부서장이 승진시켜 줄 것이니 내 일만 잘하면 될 것 같지만, 세상일이 내 맘대로 되지 않는다. 승진 대상에 중위권(본인은 순위를 모름)으로 올라갔지만 생각지 못한 변수(결격사유 발생, 위원회 내 조율, 기관 상황 등)로 승진자가 바뀌는 사례도 있다. 또 승진 대상이지만 선배들이 있어 순위에서 밀릴 것으로 생각해 기대하지 않다가 승진하는 사례도 있다.

예를 들어, 대상자 중 1~2순위를 승진시키려는데 3순위와 2순위의 점수 차가 미미하고 4순위와는 점수 차가 크다면 총 인건비 비율을 초과하지 않는 조건에서 3순위까지 승진시키기도 한다. 기관에서는 직원 사기진작 차원에서 실시하기도 하는데, 그것이 안정적인 조직 문화에 도움이 될 거라고 판단해, 그동안 기관 발전에 기여한 것도 있으니 이번에 승진시키자는 분위기가 만들어질 수도 있다. 흔한 경우는 아니지만, 이것 역시 그동안의 성과와 기관의 발전 기여도를 고려해서 결정한다. 이 역시 당사자에게는 운이 따랐다고 할 수 있지만, 2차 평가자의 눈부

신 활약이 반영된 결과라고 할 수 있다.

물론 동기들이나 후배보다 늦게 승진했다고 불평을 늘어놓을 수도 있지만, 그간의 상황을 돌아보고 다음에는 동기들과 같이 승진하거나 후배보다 먼저 승진할 방법을 찾거나 노력하는 것이 더 바람직하다. 필자 역시 보의(연)에서 최고 직급까지 올라갔지만, 거기까지 10년 걸렸다. 인사 적체가 이유라고 할 수 있는데, 앞에서 이야기한 T/O가 없어서 아예 심의조차 할 수 없었다. T/O가 늘어나거나 퇴직자가 발생하기 전까지는 초과해서(Over T/O) 승진시킬 수 없는 것이 일반적이다. 이것을 운이 없었다고 할 수도 있지만, '세상에는 때(時)가 있다'고 생각했다. 아직은 내가 이 조직에 더 역할을 해야 하고 그때까지 기다려야겠다는 생각도 했다.

승진을 빨리하면 좋겠지만 그만큼 내 능력도 키워야 하고, 역할과 책임도 늘어난다는 것을 잊으면 안 된다. 승진으로 연봉 상승에만 신경 쓸 것이 아니라 그에 따른 권한과 책임이 늘어나는 것은 당연하고, 솔선수범해야 할 것도 많으니 방심은 금물이다. 자칫하면 월급 받는 것에 비해 일하지 않는 사람으로 낙인찍히는 동시에, 조직 성장의 걸림돌이면서 월급 충(蟲, 벌레)으로 자리 잡을 수 있다. 이 대목에서 혹시 나는 그런 사람이 아닌지 한 번 생각해 보면 좋겠다.

누군가는 지켜본다, 일상이 평가?

승진은 능력과 인성 등이 합쳐지고 동일 직급 간 치열한 경쟁이 동반되면서 기관의 수준과 가치도 함께 올라간다. 기관마다 차이는 있지만 대다수 공공기관에서 처음 승진하려면 입사 후 최소 근무 연한이 지나야 대상이 된다. 한번 승진했어도 다음 승진을 위해서는 현 직급에서 일정 기간이 지나야 승진 대상이 되고, 그 대상자 중에 종합 점수가 상위권에 있어야 한다. 아무리 능력 있는 직원이라도 일정 기간 전에는 승진할 수 없다. 특정인이 자기 능력만 믿고 기교를 부려 승진하려는 부작용을 차단하는 제도이기도 하다.

만일 그런 사례가 있다면 추후 부처의 정기 감사나 국회 국정감사, 고용노동부 근로감독관 점검에서 쉽게 넘어갈 수 없어 섣불리 시도하지 못한다. 그런 승진을 시도하려면 먼저 취업 규칙과 승진 관련 규정 변경을 위한 전 직원 의견을 수렴해서 과반의 동의를 얻어 시행해야 문제가 생기지 않는다.

요즘 취업준비생들이 공공기관에 들어오고 싶은 이유 중 하나가 워라밸을 누리는 거라고 한다. 하지만, 각자의 기준점은 다르지만 적당한 양의 일과 스트레스를 적게 받으면서 우아하고 멋진 직장생활을 하면서 승진도 제때 하기는 쉽지 않다. 승진하고자 하는 직원은 승진 대상일 기준으로 최근 2~3년간 우수한 인사 평가를 받아야 안정권이라고 할 수 있는데, 위와 같은 생각과 태도로는 승진하기 어렵다. 인사 평가 역시 잘 나오기를 기대하는 것은 욕심이라고 생각한다.

인사 평가를 잘 받거나 승진을 위해서는 평소 긍정적인 생각, 적극적인 사고와 태도로 구성원들과 잘 소통하는 직원이 유리하다. 적어도 승진 2~3년 전부터 인사고과 관리에 신경 써야 한다. 설사 탈락했더라도 섭섭한 마음을 갖지 않는 게 좋다. 이유는 그해만 승진이 있는 게 아니기 때문이다. 이참에 스스로를 돌아보고 다독이는 시간을 갖는다면 분명 차별화된 내가 만들어질 것이다. 내년에 승진 0순위나 1순위라 해도 어떤 변수가 생길지 모른다.

승진 대상자의 최고 후원자는 기관장도 높은 상사도 아니고 외부 인사도 아니다. 사무실 옆자리에 앉아 있는 동료나 선배, 1차 평가자다. 바로 곁에 있는 동료가 당신을 가장 많이 알고 있으며, 팀장과 부서장은 매일매일 평가해서 차곡차곡 저장해 두고 있다는 것을 잊지 마라. 1차 평가자는 자기가 정해 놓은 평가 기준과 철학, 그리고 기관에서 정한 기준에 따라 직원을 평가하지만, 바로 옆 선배나 동료, 후배들의 평소 의견을 반영하고 있으니 일상이 평가라고 생각하면 된다. 1차 평가자에게는 승진 대상자에 대한 좋은 정보도 들어가지만, 동료나 부서장, 타 부서 직원으로부터 안 좋은 정보도 들어간다는 것을 잊지 마라.

일을 하다 보면 나도 하기 싫고 남들도 하기 싫어하는 일을 내가 할 수밖에 없는 상황이 생길 수도 있다. 이건 팀장이나 부서장이 힘들게 결정한 일이고, 그것을 해결할 수 있을 거라는 기대가 있어 맡긴다. 불안하면 절대 일을 맡기지 않는다. 그런데 남들도 하기 싫은 일이니까 '나도 대충(적당히)하지 뭐!'라는 마음으로 임하면 일하고도 욕을 먹을 수 있으니 신중해야 한다.

혼자 해결할 수 있으면 스스로 하고, 그렇지 않으면 팀장과 협의해서 옆 동료와 협업할 방법을 찾아서 해라. 나 혼자 충분히 할 수 있다고 팀장이 판단하고 배정했는데 잔머리를 굴려 일을 쳐내는 느낌을 주면 안 하느니만 못하다. 팀장과 부서장은 이 업무를 혼자 해결할 수 있는 능력이 있는지, 자세가 됐는지 등을 알고 있으니 잔꾀는 부리지 않는 것이 좋겠다.

또 누군가는 보고 있고, 동료들도 알 것이다. 지금의 업무 배정이 적절한지 부당한지, 그런데도 나에게 배정할 수밖에 없는 이유, 그리고 그 결과가 좋을 때 나에게 돌아올 것 등을 다 알고 있으니, 잔머리는 절대 굴리지 말 것을 당부한다. 어차피 내가 할 수밖에 없거나 상황이 그렇게 만들어지면 남들은 절대로 갖지 못하는 행운의 열쇠를 받았다고 생각해 보라. 이로 인해 생각지도 않은 기회의 문이 열릴 수도 있다.

상급자나 관리자들은 이런 상황을 무심하게 대하는 것 같지만 생각보다 신경 쓰면서 지켜보고 있다. 신뢰는 그렇게 쌓이는 것이다. 그에 대한 보상은 인사 평가나 포상, 인사이동 등 언젠가 어떤 형태로든 돌아온다. 중요한 것은 보상을 전제로 내가 일하는 것이 아님을 인지할 수 있도록 행동해야 한다. 직원의 성향에 따라서 추가 업무를 하기로 하면 자신에게 무엇을 해 줄 것인지 따져 묻는 직원이 있을 수 있다. 이런 직원은 앞에서 이야기한 일하고 욕 먹는 경우라고 할 수 있다. 당장은 손해 보는 것 같지만 길게 보면 결코 손해가 아님을 알게 될 것이다.

평소 태도가 나의 전부다!

"운도 실력이다"라는 말도 있지만, 평소 상급자의 눈에 띄기 위한 태도가 중요하다. 더 정확하게 말하면 나의 평소 언행이 동료와 1차, 2차 평가자의 눈에 띄도록 해야 한다. 굳이 의도적일 필요는 없지만, 생활 방식의 변화와 긍정적 마인드를 장착하길 바란다.

그러기 위해 첫 번째 할 일은 전 직원을 대상으로 하는 정기 회의나 설명회, 세미나, 학술대회 등 기관 행사에 꼬박꼬박 참석하되 뒷줄이나 구석이 아닌 앞쪽이나 사람들 눈에 잘 띄는 곳에 앉길 권한다. 친한 동료가 함께 뒤에 앉자고 하면 거절하고 앞에 가서 앉아라. 그 친구는 당신의 앞길을 막는 사람이다.

수업 시간에 앞자리(맨 앞줄이 아닌 2~3번째)에 앉으면 집중도가 높아지듯, 사내 행사에서 앞자리에 앉는 것은 여러 가지로 이득이다. 강의를 듣거나 회의 시간 내내 특이 사항이나 궁금한 것은 메모하고, 할 수 있다면 첫 번째로 질문하는 것이 좋다. 그러려면 경청할 수밖에 없고, 사전에 내용을 파악하고 질문거리를 준비해 가면 더 좋다. 상황이 여의치 않거나 중요한 질문이 아니어서 후반부에 질의할 생각이었는데 초반에 질문하는 사람이 없으면(대부분 첫 질문을 꺼린다) 준비한 질문을 하기 바란다. 질문받는 사람은 "뭐 그런 질문을 합니까?"라고 절대 하지 않는다. 전문적인 것은 전문적인 대로, 궁금한 것은 궁금증을 해소해 주기 위해 "네, 좋은 질문 감사합니다" 하면서 답변한다.

질문은 자신의 존재를 적절히 드러낼 좋은 기회다. 그런 행동이 누군가의 눈에 계속 띄게 되고 그 결과는 고스란히 본인이 가져가는 것이다. 단, 의도된 행동으로 인사 평가 때나 승진 시즌에만 반짝하는 것은 사람들도 눈치챌 수 있으니 그런 시즌에는 질문은 자제하되 사람들 눈에 띄는 곳에 앉아라. 이 경우 직속 상급자(1차, 2차 평가자)의 눈에 띄는 것은 기본이고 타 부서 상급자나 임원, 기관장의 눈에도 띄기 때문에, 가만히 있어도 직원 인사이동이 논의될 때 나를 데려가기 위해 서로 신경전을 벌일 수 있다. 그때는 그 상황을 즐기면서 원하는 부서에 순환 근무할 수 있다. 그 자체가 인사 평가나 승진에 나쁘게 반영될 일은 전혀 없다.

평소 나서지 않고 조용히 있거나 행동하지 않으면, 있는 듯 없는 듯 존재감이 없어 남의 눈에 띌 일만 없는 것이 아니라 나와 함께 일하고 싶은 사람도 없고, 인사 평가나 승진에서 나를 유리하게 대변해 줄 사람도 없다는 것을 명심하자. 나를 데려가기 위해 타 부서 팀장이나 부서장이 물밑 작업을 하면 다행이지만, 내가 원하는 곳은 나를 받아주지 않고, 가고 싶지 않은 부서

(팀)에 배치된다면 괴로울 것이다.

내 능력이나 성격 등을 알리고자 한다면, 내가 속한 부서에서는 당연하지만 타 부서에서 추진하는 행사를 내 일처럼 도와주면 긍정적인 직원으로 인식된다. 이 글을 읽고 "나는 실력으로 경쟁하기 때문에 굳이 그럴 필요가 없다"고 말하는 사람이 있을 수 있는데, 다시 생각해 보기 바란다. 결국, 인사 평가 결과나 승진 심사 결과를 받아들고 1차, 2차 평가자를 찾아가 하소연하며 눈물 흘릴 일만 있거나 그곳을 떠나야 하는 상황이 생길 수도 있음을 명심하기 바란다.

구조 조정에서 살아남기

공공기관에서 행정 인력은 처음 배치받은 부서에서 자신이 지원한 분야의 업무를 하게 되는데, 연구 부문이나 전산, 기계·전기 등 전문 분야가 아닌 이상 시간이 지나면서 순환 근무에 따라 전공과 경력, NCS와는 무관한 업무를 수행하게 된다. 운이 좋아 전공 업무를 맡아도 활용 정도는 3년 내외다. 그 시간이 지나면 전문직을 제외하고 순환 근무에 따라 다른 일을 할 수밖에 없다.

결국, 기관에서 관리자가 되려면 폭넓은 경험이 있어야 한다.

관리자가 된다는 것은 승진이 아니면서 가치를 인정받는 수단이자, 조직의 방향을 맹목적으로 따라가는 수동적 구성원에서 조직의 방향을 결정하는 능동적 구성원이 된다. 그러면서 상위 부서장과 임원, 기관장 등과 밀접한 소통을 통해 조직의 리더로 성장하는 지름길이다.

추가할 것은 디지털 혁명과 AI(Chat GPT 등) 시대를 사는 우리는 자고 나면 세상이 변해 있다고 할 만큼 기술 발전이 빠르다. 그래서 어떤 전공이나 기술을 배운 지 2~3년 이내에 활용 가치가 급변한다. 자기계발을 통해 새로운 지식과 경험을 쌓지 않으면 현재 자리에서 살아남기도 어렵고 미래도 보장되지 않는다.

필자는 1997년 IMF 여파로 공공기관의 구조 조정을 몸으로 겪었다. 동료들의 자리가 하나둘 사라지고, 눈물을 삼키며 퇴직 인사하는 동료들과 아쉬운 작별도 했다. 차를 타면 라디오 프로그램에서 이직과 퇴직, 권고사직, 폐업, 신용불량자, 노숙 등의 사연을 들으며 눈물을 훔친 적도 있다. 그리고 11년이 지나 2008년에는 미국발 금융 위기 여파로 또 한 번 구조 조정의 압박이 있었다.

그렇게 버텨 온 세월인데 이제는 오륙도(50~60세에 직장 다니면 도둑), 사오정(45세 정년), 삼팔선(38세 구조 조정 대상)이라는 문화적 구조 조정을 넘어 욜로족*, 파이어족**이라는 신조어가 생기면서 젊은 나이에 직장을 뛰쳐나가는 사람이 늘고 있다.

그것과는 상관없이 공공기관은 대통령선거로 정부가 바뀌는

5년에 한 번 구조 조정과 경영 혁신의 찬바람이 분다. 그렇다고 근로기준법에 따라 해고할 수 없다며 적당히 자리만 보존하거나 약삭빠르게 힘든 업무, 힘든 부서를 요리조리 피해 다니기도 어렵다. 내·외부 환경 변화에 따라 이리저리 이동할 수는 있어도 내가 할 일은 하고 능력도 인정받아야 한다.

조직에서 능력도 영향력도 없는 사람 취급을 받다 보면 한순간에 훅 쓸려 나갈 수도 있다. 그렇게 되지 않기 위해 자신의 가치는 높이되 태풍급 쓰나미가 밀려와도 절대 쓸려 나가지 않는 물먹은 낙엽처럼 버티기 위해서는 나름의 내공이 있어야 한다. 그런 가시밭길 직장에서 자신만의 존재감을 드러내지 못하면 누구든 구조 조정의 대상이 될 수 있다. 혹여 내 의지와 상관없이 쓸려 나가거나 통폐합 대상기관이 되더라도 나만의 필살기로 새로운 조직에서도 인정받을 수 있어야 한다.

세상에 할 일은 셀 수 없이 많은데 하기 싫어서 변명거리만 찾는 사람이 있는가 하면, 어떻게든 해 보려고 방법을 찾는 사람이 있다. 의사는 병을 잘 고쳐야 하고, 야구 경기에서 타자는

팩트 체크

* **욜로족** : '인생은 한 번뿐이다'를 뜻하는 You Only Live Once의 앞글자를 딴 용어로 자신의 행복을 중시하며 소비하는 태도.
** **파이어족** : 경제적 자립(Financial Independence)의 'Fi'와 조기 은퇴(Retire Early)의 're', '족(族)'의 합성어로, 경제적 자립을 이루어 자발적인 조기 은퇴를 추진하는 사람들을 일컫는 말이다. (주로 30대 말이나 40대 초반에 은퇴를 계획하는 경향이 있다.)

홈런이나 안타를 잘 치고, 축구경기에서 스트라이커는 골을 잘 넣어야 하고, 골키퍼는 상대의 골을 잘 막고, 직장인은 자기 분야에서 성과를 잘 내는 전문가이어야 한다.

직장에서 살아남기 위해서는 '일만 잘하는 사람'이 아니라 '일도 잘하는 사람'이 돼야 한다. 필자는 2008년 12월 생명(연)을 퇴직하고 이듬해 1월 보의(연)으로 자리를 옮겼다. 첫 번째 직장에서 19년 7개월 동안 5개 팀에서 일했다. 자리를 옮기면서 배우고 경험한 것을 십분 활용하고자 했지만, 기관 설립 준비 과정에서 제도 수립과 절차 세팅, 직원 채용과 운영 등 다양한 분야까지 관여하다 보니 내가 그동안 배우고 익힌 것이 매우 부족하다는 것을 절실히 느꼈다. 내가 알고 있는 것은 사업 운영관리 부문과 일반행정 중 일부분이었다는 것을 깨달았다. 그러면서 인사와 총무, 회계, 시설·안전 등 관련 규정과 절차를 더 세밀히 찾아보고 적용하는 데 신중을 기했다.

매사에 긍정적 마인드와 성실하게 열정적으로 임해야 퇴직할 때까지 몇 번의 구조 조정이나 혁신 대상에서 살아남을 수 있다. 그래야 승진도 하고 관리자로 성장하면서 자신의 경험을 후배들에게 전수해 줄 수 있다. 상황이 된다면 이참에 다른 기관으로 점프해서 전직할 수도 있다. 필자가 이런 케이스다. 아무 준비도 하지 않다가 어느 날 바람 불고 소나기 내릴 때 훅 쓸려 나간다면 어디서든 버티지 못하고 도태될 것이 뻔하다.

자기계발을 통해 업무에 필요한 국가자격증을 취득해서 활용할 수도 있지만, 준비 기간이나 난이도가 직장생활하면서 병행하기는 쉽지 않다. 자격을 취득해서 그쪽 분야로 방향을 바꿔 시작하더라도 그곳 역시 다른 사람이 이미 자리를 잡고 있어 지금 다니는 직장에서 신입 직원으로 시작하듯 처음부터 다시 시작해야 한다. 그러니 자격을 취득하더라도 지금 환경에서 활용 가능하면서 경험과 경력을 쌓을 분야를 공략하기 바란다.

필자는 국가자격증이 아니더라도 다년간 스킬 위주의 다양한 교육 과정*을 이수하고 내 안에 숨겨져 있던 역량과 끼를 발굴해 직장생활 적재적소에서 잘 활용하고 있다. 특히, 직원 상담에 필요한 코칭 스킬과 업무 보고나 대화에 필요한 프레젠테이션 스킬, 스피치 스킬, 면접 지도 등 직장생활에서 효율적으로 접목할 수 있는 교육 과정을 다수 이수하고 다양한 현장 경험을 해 오고 있다.

직장에서 평소 자기계발을 통한 역량 증진과 동료나 선후배와의 차별화를 위한 노력은 매우 중요하다. 배운 것의 활용 시점은 미래가 되더라도 자기계발은 자신의 소질이나 흥미에

팩트 체크

* **교육 과정 이수 :** KOHI 강사자격 인증, 면접지도사 자격 취득, 인권강사 양성과정 수료, 스피치 지도사 1급 자격 획득, NLP Practitioner Course Program 이수, KPC 자격 취득(KPC01982), 산업교육 전문강사 1급 취득, 퍼실리테이션 과정 수료, 서비스 강사 양성과정 수료, 가족코칭지도사 자격 취득(2급), E-DISC 강사양성과정 수료.

초점을 맞춰 이뤄 놓으면 언젠가 도움이 된다. 그렇지 않으면 경쟁력을 높일 수 없고, 기관 차원에서 중요한 의사결정을 하는 시점에서는 아무것도 할 수 없으므로 자기 일과 경력 관리를 위해 반드시 시도하기 바란다.

보석이라고 해서 다 같이 반짝이지 않듯, 직원이라고 다 같은 직원이 아니다. 미래가 기대되는 직원이 있는가 하면 존재가치가 의심스러운 직원도 있다. 어느 쪽이 될지는 자신의 행동에 달렸다. 결국, 강한 사람이 살아남는 것이 아니고 살아남는 사람이 강한 사람이다. 그러기 위해서 꾸준한 자기계발과 업무 역량 개발, 건강까지도 신경 쓰고 관리해야 정부나 기관 차원의 구조 조정과 혁신 방안에 유연하게 대응할 수 있다.

제3부

갈등을 조직 성장의 기회로

◉

　직장에서 일하다 보면, 자기 위치에서 직원과 조직의 발전을 위해 최선을 다하지만 직원들이 잘 따라오지 않아 의욕을 잃을 때도 있다. 이런 경우 직장생활에 회의가 느껴지기도 하지만 선뜻 그만두지도 못하면서 "이렇게 살아야 하나?" 하고 투덜대는 자신을 발견할 때가 있다. 무엇 때문일까? 그건 내가 원하지 않는 곳에서 나에게 맞지 않는 방법으로 살고 있기 때문이라고 생각한다.

　조직에서 인재를 뽑는 것보다 더 어려운 것이 적합한 인재를 적합한 위치에 배치하여 최상의 결과를 끌어내는 것이다. 수익을 창출해야만 하는 민간기업과는 다르게 공무원과 공공기관에서 우선시돼야 하는 것은 어떤 방법으로 시행해야 효과적인지를 고민하고 있지만 생각만큼 쉽지 않다.

틀린 것이 아니고 다른 것

　출근해서 퇴근 때까지 9시간 이상 함께 근무하는 동안 다양한 상황이 벌어지고 또 다양한 결과가 나타난다. 그 이유는 직원들이 자라온 환경은 물론 각자 생각과 습관, 행동 유형이 다르기 때문인데, 그 유형에 관해 이야기해 보자.

구성원 중에는 서로 생각이 달라 대립과 갈등 유발로 조직의 성과와 가치를 갉아먹는 직원이 있고, 서로의 차이를 이해하고 협력하면서 성과를 극대화하는 직원이 있다. 직장인을 대상으로 한 설문 조사나 연구 결과를 언론을 통해 수시로 접하지만, 직장생활을 힘들게 하는 주요 원인으로 꼽히는 것은 구성원과의 갈등이다. 즉, 일 때문에 갈등이 일어나는 것이 아니라 대부분 불쾌한 말투와 태도 때문이다.

2024년 3월 취업포털 잡코리아에서 입사 1년 이내 퇴직 경험이 있는 직장인 981명을 대상으로 한 설문 조사 결과, 퇴사를 결심한 이유 1순위는 '더 좋은 곳으로 이직하기 위해서'(34.9%)였다. 그리고 '함께 일하는 상사와 동료가 자신과 맞지 않아서'(22.7%)는 4위를 차지했다. 특정한 이유로 퇴직을 결정하는 사람도 있지만, 담당 업무가 자신과 맞지 않거나 집과의 거리가 멀어서라는 이유도 있다.

사람의 성격은 얼굴에 나타나고 본심은 태도에서 나타난다고 한다. 감정은 음성에서 나타나고 청결함은 머리카락이나 손톱을 보면 알 수 있다. 부정적 생각을 하지 않는 사람이 전혀 없다고는 할 수 없지만, 사람들은 긍정적인 생각을 많이 한다. 그렇다고 오롯이 '깨끗하고 맑기만 한' 사람 역시 없다. 또, 부정적인 생각을 한다고 '비정상'이라고 단정 짓는 것 역시 잘못된 판단이다. 개인의 특성에 비해 겉으로 보이는 부정적 측면이 드러날 뿐이지, 매력을 느끼는 요인으로 작용하거나 높은 성취욕으로 나타나는 긍정적인 모습도 분명히 있다.

외향적이거나 내향적일 수도 있는데 상황에 따라 긍정적이거나 부정적으로 비춰지는 것과 같은 맥락이라 할 수 있다. 부정적 성격 그 자체보다 주어진 상황과 다른 사람과의 관계에서 심각하거나 반복적인 갈등을 겪고 있는지 살펴보고, 서로 다르다는 것을 어떻게 이해하고 해소해야 할지에 관심의 초점을 맞추는 것이 중요하다.

언제부턴가 우리나라 연예계를 중심으로 MBTI가 사람의 성격 유형을 표현하는 대명사가 되었다. 한때는 혈액형으로 성격 유형을 논하기도 했으나 지금은 거의 사라진 상태다. 이외에 사람의 성격과 행동 유형을 분류하는 방법으로 사상체질이 있고, DISC, 교류분석(TA), 에니어그램, 빅파이브 등이 있다. 특히, MBTI는 직장인들 사이에도 널리 확산하면서 서로 'E(외향형)'인지 'I(내향형)'인지를 물어보며 상대방의 행동 유형을 정형화하는 경향이 있다. 하지만 MBTI 역시 혈액형과 같이 한때의 유행으로 지나갈 것으로 필자는 예상한다.

이렇게 우리는 좋아하는 색이나 체질, 행동 유형에 따라 사람들의 성격 유형을 알아보는 데 관심이 많다. 성격(性格)은 한자로 성품 성(性)자와 격식 격(格)자를 쓴다. 그래서 성격은 내적인 '성품'과 외적인 '격식' 두 가지를 의미한다. 영어 Personality(성격)는 그리스어 페르소나(persona)에서 유래된 단어로 그리스 연극에서 배우들이 쓰던 가면을 일컫는 말이다. 요즘도 이 말은 연극에서 배우의 역할을 나타내는 용어로 통용되고 있다. 이처럼 페르소나는 어떤 사람의 참모습이라기보다는 배우가 무대에서 연극을 하듯 피상적으로 나타내는 사회적 이미지를 뜻한다(『당신을 읽다』, 권영조 외, 매일경제신문).

사람의 성격과 행동 유형을 말할 때 그 사람의 기질(器質)과 성격(性格), 인격을 근간으로 한다. 기질은 사람의 제일 깊숙한 곳에 있는 성질이다. 평상시에는 잘 드러나지 않지만, 위험하거나 위기가 닥쳤을 때 반사적으로 나타나는 행동으로 부모로부터 물려받은 유전적인 모습이다. 성격은 기질과 달리 후천적이어서 태어난 이후 환경이나 교육, 습관이나 관습을 통해 만들어지는 것으로, 같은 행동을 반복함으로써 습관이 될 때 바뀔 수 있다. 그래서 같은 부모에게서 태어나도 후천적으로 어떤 것이 어떻게 유입되는지에 따라 얼마든지 변할 수 있다. 그래서 각자의 언행은 틀린 것이 아니고 다른 거라고 할 수 있다.

사람의 성품(인성)은 얼굴에 명확히 나타난다. 100%는 아니지만 얼굴을 보면 지식이 많은지 적은지, 경험이 많은지 적은지, 힘들게 살았는지 편하게 살았는지 등을 어느 정도 알 수 있다. 또, 사람의 본심은 어떤 사안에 대해 자기 의견을 표현하는 태도에서 나타나는데, 생각이 많은지 없는지, 긍정적인지 부정적인지, 관심 있는지 없는지, 좋아하는지 싫어하는지, 긴장하고 있는지 그렇지 않은지 등의 상태를 알 수 있다. 필자가 두 연구원에서 많은 직원과 함께하는 동안 구성원들의 다양한 행동 유형을 4가지로 정리해 봤다(『당신을 읽다』 참고). 각각의 유형이 100% 맞지는 않겠지만 자신의 긍정적인 것은 살리고 동료들의 행동 유형을 이해하는 계기가 되길 바란다.

성실하고 협동적인 모범생

직원 중에는 심성이 착하고 성실해서 좋은 사람이라는 이미지를 가진 모범생이 있다. 이들은 천성이 비폭력적이고 궂은일도 마다하지 않는다. 사람들과의 관계는 물론 모든 상황에서 모나지 않으려 하고 도드라지지 않으려는 경향이 있으며, 자기 일은 못 해도 남을 도와 줘야 마음이 편한 사람이다. 이들은 사명감이 강하고 성실하며 협동적이고 사람들과 잘 융화하며, 말투 또한 사려 깊고 신중하다. 이들은 사람들의 말을 잘 들어주기 때문에 직원들에게 인기도 높은 편이다. 세상에 없어서는 안 되는 소금 같은 사람이다.

그런데 이들은 대인관계 폭은 넓지만 깊지는 않다. 마음을 다주지 않고 어느 정도 거리를 두기 때문이다. 사람들과의 갈등을 부담스러워하고 비교적 화를 잘 내지 않는데, 그가 화를 낸다면 상대방이 정말 잘못한 것으로 봐도 된다. 또 그들에게 의견을 물으면 쉽게 대답하지 않고 누군가 의견을 내면 그 의견을 따라가는 편이다. 자기주장보다 주변 사람들의 의견을 따르고 지원하는 스타일이라고 할 수 있다. 사람들 앞에 나서는 것을 불편해하고 처음 만난 사람이 친밀하게 다가오면 경계를 늦추지 않고 서서히 마음을 여는 스타일이다.

이들은 상사와 조직에 순응하며 충성심이 강하다. 이들에게 안정은 고정적이고 지속적이며 변화가 적은 것을 의미한다. 안정에 대한 욕구 때문에 자기 영역을 침범하는 것을 의심하게 되고 반항적인 반응을 보이기도 한다. 전반적으로 일이나 행동적인 면에서 속도가 느려 성질이 급하고 직설적인 사람을 이해하지 못한다. 하지만 상대는 이런 스타일을 답답해한다.

그렇지만 이런 성향인 사람은 상대방의 요구를 잘 수용하고, 평소 이기고 지는 것에 크게 관심이 없어 갈등 상황이 만들어지지 않는다. 이런 사람은 구성원들 간의 갈등에도 관심이 없고 자기 일이나 잘하는 것이 편하다고 생각한다. 한마디로 이들은 사람들의 행동에 별 관심이 없지만, 남들이 자신에게 관심을 갖는 것도 좋아하지 않는다. 이들 중 이런 성향의 성숙도가 높은 직원은 갈등 자체를 만들지 않으려 노력한다.

그럼에도 상대가 거칠게 반응하면 당황해서 그 문제를 해결하려는 것보다 그 상황을 일단 회피하려는 경향이 있다. 관리자라면 무책임하다는 여론이 형성되면서 업무적이나 인간관계에서도 제 역할을 다하지 못한다는 말을 들을 수도 있다. 팀원이 이런 유형이라면 관리자로서 곱게 보일 리 없다. 이런 경우 본인이 해결하려는 노력은 했겠지만, 상대방이 만족해하지 않으면서 갈등은 폭발하는데, 갈등 상황이 커지기 전에 상급자나 팀장 등에게 현재 상황을 이야기하고 해결 방법을 논의하는 것이 현명한 자세라고 본다.

결국, 갈등 상황을 해결하지 못한 채 혼자 끙끙거리다가 일이 커진다. 갈등 상황을 지금 당장 해결할 수 있는 여건이 안 된다면 사실관계를 자세히 검토해 보는 것도 방안이 될 수 있다. 성질 급한 사람이 이런 사람을 나쁘게 표현하면 '속을 알 수 없고 음흉한 사람'이라고 깎아내리기도 한다.

또, 처음엔 A라고 생각했으나 상대방의 설득으로 B를 선택해도 별 의미가 없거나 남과 대립하는 것이 불편해 상대가 원하는 것을 들어주고 자신이 감내하고 수용하기도 한다. 이런 직원은 갈등 상황에서 상대방의 요구나 관심사를 충족시키는 데는 매우 협력적이지만, 자신의 욕구를 충족시키는 것에는 적극적이지 않다. 결국, 상대방을 충족시키기 위해 나의 손해를 감수하거나 이익을 양보하기도 한다.

이들은 자신의 이익보다는 상대방과의 관계를 우선시하므로 내가 원하는 이익을 얻지는 못했지만, 갈등을 겪으면서까지 자신의 욕구를 충족시키고 싶은 욕심이 없다. 나쁘게 표현하면 "바보 아냐?"라고 할 수도 있으나, 이렇게 말하는 사람은 절대로 이해할 수 없는 넓고 깊은 이해심을 가졌다. 실무자일 때는 주변에서 좋아할 수도 있지만, 관리자가 돼서도 같은 행태를 보인다면 최악의 상사가 될 수도 있다. 늘 양보만 하면서 타 부서의 업무나 신규 업무를 받아 올 확률이 높기 때문이다.

이들을 갈등 해결의 장으로 나오게 하려면 생각할 시간을 주고 스스로 갈등 해결에 참여하게 만들어야 한다. 성숙도에 따라 다르지만 이런 유형의 직원은 조직이 안정적이고 꾸준히 성장하기 위해 꼭 필요한 사람들로 70% 정도가 이 유형에 속해 기관을 안정적으로 운영하는 데 한몫을 한다. 즉, 배가 물 위에 안정적으로 뜨고 운행할 수 있도록 중심을 잡아 주는 하단의 물탱크 역할을 하는 밸러스트 탱크(ballast water, 평형수) 역할을 하는 것이다. 이런 유형의 사람들이 기관의 평형수 역할을 한다고 보면 된다. 때로는 좀 부족해도 운행에는 아무런 문제가 없을 것 같지만, 기관의 성장에 없어서는 안 되는 중심 인물이라 할 수 있다.

본인이 이 유형의 사람이라면 의사결정이 필요할 때 주관적인 결단력을 키우기 위해 자기 생각을 강하게 표현해 보고, 사람들 앞에 나서는 것을 두려워하지 말아야 한다. 조직의 변화와 새로운 환경, 신규 업무 등을 맞이할 때 뒤로 물러서지 말고 적극적으로 받아들이고, 남의 부탁을 거절해 보기도 하고, 자기 생각을 딱 잘라 말하는 습관도 필요하다.

이들과 소통할 때는 인간적인 면에 더 신경 써서 대응하면 효과적이다. 의사결정을 해야 하는 상황이라면 "오늘까지 제출해야 되니 검토해 주세요." 이렇게 독촉하지 말고 충분히 검토할 수 있는 시간을 주고 기다려야 한다.

자존감 강한 투사

이들은 갈등 상황에서 상대방의 요구나 관심사보다 자신의 욕구를 충족시키는 데 더 많은 부분을 할애한다. 경쟁에서는 반드시 자신이 이겨야 하는 승부욕이 강한 사람이다. 이기고자 하는 데 에너지를 많이 쓰고, 남의 도움 없이 스스로 해결하려는 성향이 강해 본인이 원하는 방식으로 문제가 해결되지 않으면 감정이 폭발한다. 그래서 '남의 도움 없이' 스스로 잘 해결하는 독립심이 강하다고도 할 수 있지만, 남의 말을 듣지 않는 사람으로 인식되기도 한다.

이런 관리자나 리더라면 부하 직원이나 구성원들이 순응할 수밖에 없다. 리더에 문제가 있어도 강하게 말하지 않거나 상급자의 요구에 맞춰 영혼 없이 일하고 대응할 수도 있다. 기관 차원에서는 사업 수주나 영역 확장을 위해 경쟁자와 치열하게 부딪치거나 조직의 확장을 위해 사활을 걸어야 할 때, 충분한 조사와 근거가 있어 과감하게 밀어붙이는 리더십이 필요할 때 적합한 인물이다.

어떤 조직이든 자기주장이 강하고 의욕적인 사람이 있기 마련이다. 이런 직원은 2~3% 극소수이지만 영향력은 큰 편이다. 자신의 의견을 명확하게 표현하고 자신이 옳다고 생각하는 것에 전력을 다해 쟁취하는 투사형이며, 상대를 재빠르게 꿰뚫어 보고 그것에 결연히 대항하는 것을 자연스러운 것으로 인식한다. 뒤이어 이야기할 '갈등을 유발하는 사람'의 유형에 속한다고 할 수 있다.

하지만, 자신의 선택과 결정을 절대 번복하지 않고 끝까지 밀어붙이는 꿋꿋함도 있다. 또한 권력 구조를 파악하는 능력과 강한 힘을 발휘할 수 있는 위치 확보 능력이 뛰어나 그 과정에서 만나는 사람들과의 관계 형성도 중요시한다. 이들은 늘 자신감에 차 있으며, 그것을 뒷받침하는 것이 힘과 추진력, 의리다.

필자가 직장에서 본 이들은 강한 자존감은 물론 늘 확신에 차있다. 야망이 높고 자신이 원하는 것을 강하게 표현하며 얻고자 하는 것에 망설임이 없다. 자기 목표 달성을 위해 위험을 무릅쓰고 영향력을 행사하기도 한다. 그런 과정에서 생기는 마찰도 자신을 지키기 위해 당연한 것으로 여긴다. 주변 사람으로서는 '저렇게까지 할 필요가 있을까?' 할 정도로 무모해 보이기도 하다. 그런데 자신의 의지를 관철하기 위한 수단일 뿐, 상대방에 대한 감정도 뒤끝도 없다. 자기 생각과 판단을 추호도 의심하지 않고 물불 가리지 않고 진행하는 스타일이다.

또한, 그 과정에서 다른 의견이 제시되면 설득하고, 권한이 있으면 지시하고 명령하면서 제압한다. 관리자로서는 따르지 않는 사람들을 무력화시키고 무시하거나 내치기도 한다. 짜증스러운 상황에서는 막말도 마다하지 않아 상대나 주변 사람들의 마음에 상처를 주기도 한다. 남자나 여자나 이성에게는 무뚝뚝해서 사랑 표현도 서툴다.

이런 사람이 실무자일 때는 상급자의 지시를 받아서 업무는 잘하지만 타 부서 담당자와 마찰이 자주 일어나 늘 불안하다. 상급자와 이견이 생기면 자신의 주장을 관철하려 하고, 그것이 거부당하면 자기 뜻이 받아들여질 때까지 상급자를 힘들게 할 수도 있다. 하지만, 이 직원이 상급자가 되면 오히려 부하 직원이 힘들다. 추진하기 어려운 일을 지시하고, 자신이 관철할 때까지 부하 직원에게 관련 자료나 근거를 보완하라고 한다.

반대로, 이런 상급자와 같은 유형의 부하 직원은 이미 상급자의 패턴을 알기 때문에 불만이 있어도 따른다. 때로는 자존감 때문에 피해를 보기도 하는데 개의치 않는다. 그 과정에서 본인이 인정하는 관리자나 리더에게는 쉽게 순응하고 포기도 빠르다. 이들은 의협심(의리)도 강해 본인이 믿고 따르거나 자신을 따르는 사람을 잘 챙기고 그들을 위해서는 놀랄 만큼 정성을 다하기도 한다.

본인이 이 유형의 사람이라면 어깨에 들어간 힘을 빼고, 어렵고 힘없는 사람의 마음을 이해하는 언행이 필요하다. 이런 행동이 익숙하지는 않겠지만, 자신의 장점을 주변 사람들이 어쩔 수 없이 따르는 것이 아닌 존경심으로 받아들이도록 노력해야 한다. 부드럽고 순수한 것이 진정으로 강한 인간의 모습임을 알기 바란다.

그리고 본인의 의사결정이 독단과 오만으로 비치지 않기 위해서는 의사결정 과정에서 주변 사람의 의견을 들어주고 지시보다는 질문형으로 물어본다면 좋은 리더십으로 지지받을 수 있을 것이다. 이들과 대화한다면 사교적인 표현과 인사는 짧게 하고 만남의 목적을 바로 표현하는 것을 좋아하니 활용해 보기 바란다.

사람을 좋아하는 팔방미인

직원 중에는 남 앞에 나서는 것을 즐기고 사람들을 재밌게 해 주려는 사람이 있다. 이들은 어휘력과 순발력이 좋아 연예인, 정치인처럼 사람들을 잘 이끌고 외모에도 신경을 많이 쓰는 편이다. 본인의 언행을 잘 받아 주는 사람에게는 간도 쓸개도 다 빼주는 스타일이다. 때론 천진난만하고 단순한 면도 있어 철없어 보이기도 한다. 사람들에게 관심을 끌기 위해 많은 노력을 기울이는데, 그 과정에서 구성원들에게 천사가 되려고 노력한다.

또한, 조직에서 분위기를 활력 있게 이끌어 가는 사람으로 자유분방하고 다재다능하지만, 틀에 짜인 방법이나 일률적인 것보다 새로운 방법을 창조하거나 그런 노력을 많이 하는 스타일이다. 매사에 즐거움을 찾아내는 능력이 뛰어나 주변에 사람이 많고, 자신도 매력적인 사람으로 인식되려고 노력한다.

이들은 호기심이 많고 상상력이 풍부해서 새로운 시각으로 사물을 보는 창의적인 능력을 발휘하여 많은 방법을 제안하지만, 막상 실천 단계에서는 몸을 사린다. 실제로 계획을 실천하려면 여러 가지 장애물과 위험이 있기 마련인데, 이러한 난관에 맞서서 극복할 자신감과 추진력이 부족하고, 힘든 것을 피하려는 습성을 지니고 있기 때문이다. 이들이 계획력과 추진력 있는 사람의 도움을 받으면 곧잘 해결한다.

없는 말을 만들지는 않지만, 작은 흥을 크게 부풀려서 말하거나 조직에서의 각종 정보나 뉴스거리를 퍼트리는 발원지로 빅마우스라는 별명도 있다. 주변 직원들의 업무나 취미 등에도 참견하면서 일명 오지라퍼*라고 불릴 만큼 동료나 선후배의 일에 관심도 많다.

본인의 행동에 반응을 보이며 "잘하고 있어!" "역시, 네가 최고야!"라고 칭찬하면 신나서 일을 더 열심히 한다. 그런데 꼼꼼하지 않아 계산적인 업무나 체계적이고 계획적인 업무를 잘하지 못해 주변의 도움을 받아야 한다. 아쉬운 것은 아이디어는 풍부한데 끈기가 없어 실행력이 떨어지고, 말이 많아서 엉뚱한 곳으로 빠지기도("무슨 얘기 하다 여기까지 왔지?") 해서 듣고 있는 사람이 중간에 말을 끊어 환기시켜 줘야 한다.

또, 목표 의식이 낮아서 방향성을 짚어 줘야 한다. 식당이나 카페에서 메뉴를 선택할 때도 잘 고르지 못하거나 자기 것을 선택했음에도 남을 따라가는 경향이 있다. 아이디어 발굴이나 업무적

팩트 체크

* **오지라퍼** : 웃옷이나 윗도리에 입는 겉옷의 앞자락을 말하는 순우리말에 사람을 지칭하는 −er을 붙인 의미로 그다지 좋은 뜻은 아니며, 옷 앞자락이 넓으면 몸이나 다른 옷을 넓게 겹으로 감싸게 되는데, 간섭할 필요도 없는 일에 주제넘게 간섭하는 사람을 비꼬는 말이다.

인 면에서도 상사나 주변 사람이 의견을 내면 자기주장을 포기하고 따라가는 경향이 있어 줏대 없는 사람으로 오해받기도 한다. 사고의 힘이 강하지 못해 한 가지 관심사에 오랫동안 집중하지 못하고 주변 관심사에 쉽게 옮겨 다닌다. 때로는 즉흥적이고, 말이 많고, 깊이도 모자라 한 가지 주제에 심도 있게 다가가기보다는 초기에 개괄적 수준의 아이디어 제시는 잘한다.

또한, 비현실적인 헛된 계획이나 공상에 쉽게 빠지고, 새롭게 시작한 일도 혼자 마무리하지 못하고, 누군가의 도움이 있어야 한다. 한 가지 일에 집중하지 못하는 스타일이라 한 우물을 파지는 못한다.

이런 스타일의 직원은 조직에서 사람과의 갈등 관계에 연루되지 않을 사람이다. 설령 그런 구설에 오르는 상황이 발생해도 재빠르게 화해하고 마무리하는 능력이 있다.

이들과 원만한 소통을 위해서는 그의 언행에 관심과 공감을 표현하고 적극적이고 진심 어린 칭찬을 통해 신뢰를 얻으면 편안하다. 딱딱한 분위기를 유머러스하게 풀어가기도 잘하니 그때마다 칭찬해 주면 더 잘하려고 노력하고 본인도 만족스러워한다. 이들과 친해졌다고 느껴지면 편안한 자리에서 '언니' 혹은 '형님'으로 부르면 더 가까워질 수 있다. 예상컨대 그렇게 부르기 전에 "제가 형님이라고 해도 될까요?"라고 먼저 제안해 올 것이 분명하다.

돌다리, 두드려 보고 안 건너는 사람

직원 중에 매사에 신중하고 완벽을 추구하는 사람, '꺼진 불도 다시 보고, 돌다리도 두들겨 보고 가는' 신념으로 일하고 행동하는 사람이 있다. 아니, 신념 정도가 아니라 그래야 직성이 풀리거나 평소 그렇게 살아왔기 때문에 그것이 익숙하고 자연스러운 사람이다. 대체로 업무 처리 속도가 느리고 내향적이어서 꼼꼼한 직원으로 인식되어 있다.

연구기관 소속이라면 당연히 그래야 하지만, 행정직에 근무하는 직원 중에도 이런 유형이 있다. 말수도 적고 지나치게 꼼꼼해 주변 사람이나 부하 직원이 숨이 막힐 정도로 냉철한 면도 있다. 또, 감정 없이 똑 부러지는 성향으로 전공과 전문지식은 남에게 지기 싫어서 잘하는데 그 외의 일은 허당일 수 있다. 이들의 초점은 '왜(Why)?'이고 규칙적이고 정해진 대로 살아가는 스타일로 정확한 것을 좋아한다.

본인이 사용하는 물건은 늘 같은 자리에 있어야 하고, 책상 위 물건도 규칙적이고 깔끔하게 정리되어야 한다. 특히, 시간 관념이 철저해 시간표대로 움직이고, 여행 갈 때 직접 일정을 짜는 사람이 바로 이들이다. 관리자로서 결제할 때도 첨부파일이나 근거를 확인하는데, 부하 직원을 못 믿는 것이 아니라 본인이 확인해야 다음 단계로 넘어가는 스타일이다.

이런 상사에게는 업무상 문제가 발생하면 먼저 인정하고 대책을 말하는 것이 좋다. 상사는 이미 원인 파악과 대책을 준비해 놓고 직원에게 물어볼 수 있다. 하급자의 해결책이 마음에 들면 마무리하지만, 그렇지 않으면 자신의 대책을 하나하나 설명한다. 그는 일을 좋아하는 일명 워커홀릭(workholic, 일중독)이기 때문에 일 잘하는 부하 직원을 좋아한다.

이들의 조직 생활은 사명감이 강하고 자신의 영역이 어디까지인지 잘 알고 있어 타인의 영역을 침범하지 않으면서 적절하게 조언하기도 한다. 상대방의 잘못을 부드럽게 지적하는 온화한 면도 있는데 감정 없이 오롯이 잘못된 부분만 지적하는 스타일이다. 이들은 사적 공간과 공적 영역을 지키고 방어하는 데 매우 민감하다. 매사에 분석적이고 통찰력이 있으며, 객관적이고 체계적인 사람으로 위기 대처 능력도 뛰어나다.

구성원과 갈등 관계가 형성되면 질질 끌지 않고 원인과 근거 자료, 대책을 준비해서 상대를 만나 곧바로 해결하는 스타일이다. 이들은 잔꾀는 없는데 어떤 상황이든 자신이 이해할 때까지 확인하고 또 묻는다. 이런 유형의 상사나 부하 직원과 함께 일하는 앞의 유형(투사, 팔방미인) 사람들은 도무지 이해할 수 없어 답답해한다. 때에 따라서는 아주 고지식한 면도 있어 자기중심적인 사고방식에서 벗어나지 못하면서 상대에게 "이해가 안 돼? 바보 아냐?"라고 말할 만큼 답답한 면도 있다.

유형의 성숙도에 따라 돌다리를 두드려 보고 자신은 건너지 않고 앞의 유형(모범생, 팔방미인) 사람들이 건너는 것을 보고 건너는 유형도 있다. 이들은 타인의 시선에도 취약해서 '나의 이런 행동을 사람들은 어떻게 생각할까?'처럼 고민하지 않아도 되는 고민을 하면서 매순간 긴장하는 편이다.

혹시, 이 유형의 사람이라면 자신의 행동에 대한 남들의 평가를 너그럽게 받아들이길 바란다. 그리고 그 사람이 왜 그런 평가를 하는지 생각해 보고, 조직에 효율적으로 적응하기 위한 자신의 언행을 고민해 보라. 자신이 추구하는 완벽함 때문에 주변 사람이 힘들다면, 본인이 추구하고자 하는 100%를 98~97%로 낮추고 나머지 2~3%는 주변인이나 상대방이 판단하도록 마음의 여유와 배려를 생각해 보면 좋겠다.

그리고 남들이 의식하는 것도 당신이 그렇게 생각하고 고민하는 것만큼 사람들은 당신에게 관심이 없음을 인식하길 바란다. 물론, 이런 유형의 사람을 접하는 상대는 이들을 비판할 것이 아니라, 이들과 업무적으로 이야기할 때는 목적과 근거, 시간 등으로 객관화할 수 있는 데이터를 가지고 대화에 임하면 의외로 잘 통하는 사람임을 알 수 있을 것이다.

지금까지 필자가 두 공공연구기관과 사회생활을 하면서 겪은 다양한 사람들의 행동 유형을 정리해 보았다. 어느 한 유형이 좋거나 나쁘다고 할 수는 없지만, 사람이라면 누구나 각각의 행동 유형이 있다고 본다. 그 행동 유형과 자기 경험을 기반으로 상황과 상대에 맞게 언어와 태도가 밖으로 표출될 뿐이다.

자기방어가 필요한 부분이라면 강하게 표출하는 자신만의 기전이 도드라지게 될 것이고, 도움이 필요한 상황이라면 남을 배려하고 도와 주려는 기전이 강하게 나타날 것이다. 명확한 근거를 기준으로 상대와의 논쟁이 필요한 상황에서는 논리적인 면이, 분위기를 띄워야 할 상황이라면 사람들의 흥을 북돋우기 위해 그러한 기전이 표출될 것이다. 하지만, 각각의 상황에서 "나는 절대 못해!"라고 말할 수도 있지만, 조직 문화나 상대와의 관계 형성, 자신의 발전을 위해 시도해 보기 바란다.

이렇게 우리는 성장하는 과정에서 어떤 상황이든 그에 맞게 대처할 수 있도록 학습됐다. 그것이 조직 생활에 필요한 것이면 그곳에 맞는 역할을 위해 노력할 것이고, 개인을 위해 뭔가가 필요한 상황이라면 그에 맞는 나만의 행동이 나타날 것이다. 어떤 행동이 강하게 나타난다고 해서 꼭 나쁘게만 볼 것이 아니다. 각자의 상황과 역할에서 모두 충실히, 그리고 마음을 다하는 과정에서 나오는 언행일 뿐이지 '나는 맞고' '상대는 틀린 것'이 아님을 명심해야 한다. 나보다 상대를 먼저 이해하고 그에 맞는 언행에서 협업과 신뢰가 시작되기 때문이다.

시대를 초월하는 '라떼!'

우리나라 대중교통에는 노인과 장애인, 임산부, 소아들을 위한 별도의 자리가 있다. 1990년대 후반까지만 해도 버스나 전철에서 어른들에게 자리를 양보했다. 그것이 어른을 공경하는 거라고 배웠기 때문이다. 자리를 양보받은 어른들은 젊은이들의 짐을 받아들이며 고마움을 표하곤 했다. 그런데 언제부턴가 젊은 사람들의 자리 양보는 찾아보기 어렵다. 설령, 자리 양보가 있어도 양보한 사람이 짐을 맡기지 않는다. 이유는, 할 수 없이 자리는 양보했지만 짐을 맡길 만큼 신뢰하지 않아서가 아닐까?

지금부터 2,400여 년 전 고대 그리스의 철학자 소크라테스(BC 470~399)가 "요즘 애들은 버릇이 없다. 어른을 공경하지 않고, 어른들이 있는 공간에서 떠들고, 어른이 방에 들어오는데도 일어나지 않는다"는 말을 했다고 한다. 소크라테스의 성향으로 봐서 인내심의 한계를 느꼈기 때문에 이런 말을 했을 거라고 짐작된다. 어른들이 있는 공간에서 아이들이 떠들면 예의가 없고 버릇이 없는 것으로 여겼던 모양이다.

2,400여 년이 지난 까마득한 일인데, 지금 표현으로 하면 "요즘 애들 참 버릇이 없네! 우리 때는 상상도 못한 일인데!"가 아닐까? 기원전 470년에 태어난 소크라테스가 그로부터 30~40년 후에 태어난 젊은 사람들에게 한 말일 텐데, 동서양을 막론하고 "나 때는 말이야~" 이 말은 사람들의 본능이라고 할 수 있다.

2,400여 년 전이든 100년 전이든 아랫사람은 윗사람을 존중해야 한다고 가르치고 행동했던 것 같다. 그렇게 어른들은 아랫사람에게 대우받기를 바라고, 직장에서도 예외는 아닌 것 같다. 특히, 윗사람이 바라는 것은 '인정과 지지'다. "팀장님! 역시 최고입니다. 정말 대단하십니다!"라는 칭찬을 듣거나 인정받는 것을 좋아한다. 특정 사안에 대해 상사가 의견을 물었을 때, 당장

큰일이 일어나는 것이 아니거나 결과물이 비슷하면 "네, 좋은데요! 팀장님 생각대로 하시죠?" 이렇게 자신의 판단이나 추진력에 대해 지지받는 것을 좋아하는 것 같다.

그러면서도 힘든 시기를 보낸 자신을 표현할 때는 '옛날이 지금보다 더 힘들고 어려웠다'고 부풀려서 이야기하는 경향이 있다. 남자들이 군대 생활을 빗대면서, "내가 그 일 할 때는 장비나 시스템이 하나도 없었어! 그런데 나는 다 해냈거든! 요즘 애들은…." 그러면 듣는 후배나 아랫사람들은 이렇게 말한다. "아~ 선배님(팀장님), 그땐 그때고요. 지금도 힘들다고요!" 이 책을 읽고 있는 여러분이 이런 선배나 상사를 만나면 어떻게 대처할 수 있을까?

시대를 초월하여 각자 분야에서 배우고 익히는 경험은 다르지만, 그 과정에서 자신을 돌아보게 하는 다양한 사례들이 있다. 과거의 경험이 항상 좋은 것만은 아니지만, 내 경험은 늘 중요하고 내가 한 것은 늘 옳다는 편견을 갖다 보면 그것 때문에 갈등이 생기기도 한다.

분명히 나와는 다른 사람임을 알면서도 성과에 얽매이거나 인사 평가, 승진에 집착하여 상대보다 내가 먼저라는 생각에 갈등의 골이 깊어진다. "저 사람도 되는데 나는 왜 안 됩니까?" "내가 안 되는 것은 받아들일 수 있어도, 저 사람이 되는 것은 이해할 수 없고 인정할 수 없습니다"라고 한다. 분명 같은 직장 구성원으로서 서로 협조해야 한다는 것을 알면서도 '내가 먼저'라는 이기심이 생기는 것이다. 안 좋은 것은 나만 아니면 되고,

우리만 아니면 상관없다는 식이다.

　사람에 따라 고통의 크기는 상대적이어서 내가 어렵거나 힘들면 남들이 그것을 알아 줄 거라고 착각한다. 그러면서 자신이기 때문에 모든 고통과 역경을 이겨냈다는 것을 강조하기도 한다. 듣는 사람은 말하는 사람이 과거에 겪은 고통 따위는 관심도 없지만, 그들이 겪은 고통과 지금 우리가 힘든 것을 비교하는 것 자체가 의미 없다고 할 수 있다. 나의 경험으로 다른 사람의 고통의 크기를 판단하는 것을 자제하면 좋겠다. 인간이 지구에서 사라지지 않는 한 새로운 백 년, 새로운 천 년 후에도 지금 우리가 말하는 '세대 간', '상급자와 하급자', '동료와 동료'의 관계에 대해 그 시대의 문화에 맞는 '옳고 그른 것'에 대한 이야기는 지금처럼 회자될 것이다.

일하기 좋은 조직 문화 만들기

　직장에서 직원 한 명을 채용했을 때 들어가는 비용은 얼마나 될까? 2021년 고용노동부 조사를 보면, 근로자 1인당 월평균 585만 원(전년 대비 8.2% 상승)이 발생한다고 한다. 취업하고 싶은 직장 또는 공공기관이 되려면 단순히 월급을 많이 주는 곳이 아니라 조직 문화의 성숙도와 그에 따른 자부심이 높은 곳이어야 한다.

'조직 문화'는 구성원들에게 다양한 상황에 대한 해석과 행위를 불러일으키는 직장 내에 공유된 정신적인 가치다(심리학 용어 사전). 기업을 경영하는 이들에게 "이 회사에는 어떤 문화가 있나요?"라고 물어보면 "매년 봄가을에 체육대회와 야유회가 있고, 분기별로 회식도 합니다." "우리는 워라밸을 잘 지킵니다"라고 대답할 수 있다. 과연 이것을 조직 문화라고 할 수 있을까? 일이 있고 문화가 있는 것이 아닌 것처럼 일과 문화를 통합해서 '일하는 모습 그 자체', '상·하급자 간 대화하는 것', '업무 효율화를 위한 제도', '구성원의 복지 증진을 위한 제도' 등이 하나의 시스템으로 운영되고 그에 맞는 성과가 조직의 성장을 견인할 때 좋은 조직 문화라고 할 수 있다.

예전에는 사람을 뽑아 기계 부속품처럼 활용하던 때도 있었고, 이에 대해 별 불평 없이 '그러려니' 하는 시대도 있었다. 조직에 돈이 있으면 회식하고 없으면 못 하고, 일이 있으면 사람 뽑아 야근과 밤샘 근무도 하고, 일이 없어 수입이 줄면 있는 직원을 해고하는 것이 아니라, 제도가 있어서 정기적으로 실행하고 구성원 스스로 참여하는 시스템으로 운영되어야 한다.

조직 문화가 제대로 갖춰진 직장은, 예를 들어 예산 관련 일을 하면서 중앙부처나 국회와 관련해서도 상·하·동료 간에 부담 없이 의견을 나눌 수 있고, 연구나 사업 관련 일을 하면서도 구성원들이 궁금해하는 인사와 보수, 승진과 관련된 행정 업무에 대해 편안하게 이야기를 나누고, 신입 사원이지만 팀장과 부서장에게 자기 의견을 자유롭게 표출할 수 있어야 한다. 또, 다양한 복지제도를 모든 구성원이 자율적으로 활용할 수 있을 때 '안정된 조직 문화'라고 할 수 있고, 이것이 그 조직의 경쟁력이 될 때 '좋은 직장'이라고 할 수 있다.

중국 춘추시대(春秋時代, BC 770~403) 어느 해, 초(楚)나라의 영왕(靈王)이 제(齊)나라의 '안영(晏嬰)'이라는 사람을 사신으로 맞았다. 영왕은 인사가 끝나자 "제나라에는 그렇게 사람이 없소? 하필 경(卿)과 같은 사람이 사신으로 오니 말이오?"라고 물었다. 안영의 키가 작은 것을 비웃는 말이었다. 안영은 태연히 대답했다. "우리나라에서는 사신을 보낼 때 상대방 나라에 맞게 사람을 골라서 보내는 관례가 있습니다. 즉, 작은 나라에는 작은 사람을 보내고 큰 나라에는 큰 사람을 보내는데, 신(臣)은 가장 작은 편에 속하기 때문에 초나라에 오게 되었습니다."

안영의 말솜씨에 기세가 꺾인 영왕은 은근히 기분이 나빴는데, 마침 그 앞으로 포리(捕吏, 지금의 형사)가 제나라 사람을 절도죄로 끌고 가자 영왕은 죄인의 죄명을 말하며, "제나라 사람은 도둑질을 잘하는군!" 하고 안영을 또 놀렸다. 그러자 안영은 이렇게 대답했다. "귤화위지(橘化爲枳)라는 말이 있습니다. 귤이 회남(淮南)에서 나면 귤이 되지만, 회북(淮北)에서 나면 탱자가 된다고 들었습니다. 잎은 서로 비슷하지만 그 과실의 맛은 다른데, 이유는 물과 땅이 다르기 때문입니다. 지금 백성들 중 제나라에서 나고 성장한 자는 도둑질을 하지 않습니다. 그런데 초나라로 들어오면 도둑질을 합니다. 초나라의 물과 땅이 백성들로 하여금 도둑질을 잘하게 하는 겁니다." 안영의 통쾌한 말솜씨가 빛나는 사례다.

'씨앗'이 있고 '토양'이 있다면 씨앗보다는 토양을 중심으로 씨를 심어야 한다는 말이다. 고구마가 잘 자라는 토양이 있고 콩이 잘 자라는 토양이 있다. 어떤 땅에 올해 고구마를 심었다면 내년에는 다른 작물을 심어야 하는데, 농부들은 이 순서를 잘 안다. 그런 의미에서 조직 문화는 토양이라고 할 수 있어, 직원을 위한 복지와 구성원들 간 소통할 수 있는 조직 문화가 구축된 조직과 그렇지 않은 조직은 많은 차이가 있다. 그러므로 민간기업에 비해 안정적이지만 느슨한 조직 문화를 가진 공공기관의 경쟁력을 어떻게 만들고 확산시켜 나가느냐가 대한민국 공공기관을 운영하는 기관장과 구성원들의 과제라고 할 수 있다.

직장이 우선? 집이 우선?

직장생활을 하다 보면 개인의 일과 직장일이 겹칠 때가 있다. 이때 직장일을 우선해야 할 상황과 사적인 용무를 우선해야 할 상황이 충돌하는 경우가 발생한다. 직장에서 보수를 받는 입장이니 당연히 직장을 우선해야 하는데, 업무 성과를 내야만 하는 중대한 시점임에도 개인의 일로 휴가를 간다면 조직에 대한 책임감이 상대적으로 낮은 사람으로 인식될 수 있다. 그런 일이 반복

된다면 좋은 평가를 받거나 관리자로 성장하기는 어렵다.

동료들 역시 그로 인해 추가 업무를 하면서 그 사람에 대해 부정적 인식이 축적될 수 있다. 불가피할 경우 한두 번은 이해할 수 있지만, 횟수가 늘고 중대한 상황이 아님에도 수시로 자리를 비우면서 마치 당연한 권리를 행사하듯 동료나 팀장에게 불편을 느끼게 하면 부정적인 결과로 이어질 수 있다.

관리자로서도 이런 직원에게 주의를 주겠지만, 고쳐지지 않는다면 인사 평가에 좋은 점수를 부여하기 어렵다는 것을 잊지 마라. 과거에 비해 요즘에는 이런 사례가 거의 없어졌지만, 예를 들어 주말에 가족 모임을 하고 있는데 상사로부터 호출이 올 수도 있다. 물론 주말이기 때문에 당연히 출근*해야 할 의무가 있는 것은 아니지만, 꼭 필요해서 호출했는데 가정사를 우선시한다면 관리자와의 관계가 불편해질 수 있다. 사적인 용무가 있음에도 직장을 먼저 생각하는 사람이 더 믿음이 가는 것은 당연할 것이다.

20여 년 전 생명(연)에 근무할 때, 필자의 가족과 같은 아파트에 사는 친한 세 가족이 중국 여행을 가기로 했다가 연구원(研究

팩트 체크

* **주말 출근** : 요즘에는 이런 일이 거의 없다. 하지만, 특정 부서나 팀의 경우 아주 특별한 업무(국정감사 준비, 경영평가 준비 등) 수행을 위해 기관장에게 사전 결제를 받고 주말과 휴일에 출근하는 경우가 있다. 이 경우 출근에 대한 보상이 따른다.

院)에 급한 일이 생기면서 필자만 여행을 포기한 적이 있다. 연구원에는 여행 간다는 말도 못하고 업무를 해야만 했다. 하지만, 여행을 포기하고 연구원에 나갔다고 해서 당장 혜택이 있거나 더 좋아진 것은 없었다. 직장이 있어서 가족도 안심하고 여행 가는 거라고 마음 편하게 생각하기로 했고, 아내도 이해하고 아이 둘과 다녀왔다.

채용 면접 과정에서도 이와 유사한 질문을 하기도 한다. 지원자는 합격이 목표이므로 당연히 직장을 우선하겠다고 답변하지만, 합격 후에도 그런 마음을 유지하기는 쉽지 않다. 능력이나 다른 조건이 비슷하다면 직장을 우선시하는 사람에게 기회를 주고 싶은 것이 관리자의 마음이다. 현재 20년 이상 직장생활한 사람들은 비교적 이런 상황을 당연한 것으로 받아들이는 편이다. 그러나 요즘 20~30대 직원들은 직장의 요청을 부당하다면서 거부하기도 한다. 물론 그것이 법적으로나 도덕적으로 문제가 되지는 않지만, 관리자로서는 불편한 것이 사실이다.

직장인들이 하루 대부분을 지내는 곳이 직장이다. 그곳은 가정의 생계를 유지하고 행복을 느낄 수 있도록 금전적으로 보상해 주는 곳으로 사회활동의 가장 중요한 부분을 차지하고 있다. 그런 직장을 개인의 일보다 가볍게 여긴다면 그렇지 않은 사람들보다 좋은 평가를 기대하기는 어려울 것이다. 직장은 직원에게 일터와 보수를 제공하는데 직장보다 더 중요한 것이 있다는 것을 용인하기 어렵다. 좋은 학벌과 탁월한 능력을 가졌더라도 직장을 위한 마음이 부족하면 조직은 서운할 수 있고, 그것이 쌓이면 결국 애정의 끈을 놓을 수도 있다. 직장에 애정이 많은 사람도 떠날 땐 잡지 못하고, 묵묵히 일하며 성과를 내도 언젠가는 떠나보내는 것이 직장이다.

이렇듯 직장에서 하는 모든 결정은 가깝게는 옆 동료부터 팀장이나 부서장, 또는 그 외 상위 구성원들이 하는 것이어서 나의 행동 하나하나가 구성원들에게 어떤 형태로든 영향을 미치므로 매사에 신중해야 한다. 공무원과 공공기관에 근무하는 사람들은 철밥통이라고 하여 그런 열정이나 조직 지향성이 다소 부족해도 정년이 보장된다. 하지만, 일과 생존을 목전에 두고 전쟁을 벌이는 민간기업에서는 탐탁지 않은 인력으로 분류되면 명예퇴직(희망퇴직)이나 해고 예정자 명단에 오르면서 떠날 준비를 하거나 어쩔 수 없이 등 떠밀려 나갈 수밖에 없다.

이것은 당사자뿐만 아니라 그런 선배들의 모습을 보면서 후배들 역시도 '내가 아니라 다행이다'라고 안도할 수 있겠지만 '나도 언젠가는 저럴 수 있겠구나' 하는 생각에 취업 사이트를 뒤적이는 자신을 발견하게 될 것이다. 요즘 직장인들은 가정이나 개인 생활이 직장만큼 중요하다고 생각할 것이다. 틀린 말은 아니다. 그러나 과거 선배들은 허구한 날 야근에, 주말도 없이 직장을 나갔기에 가정 돌볼 시간이 없었다. 그래서 정부에서는 가족 사랑의 날*을 만들어 일주일 중 하루를 정해 일찍 퇴근하는 캠페인을 벌이기도 했다. 보의(연)에서도 매주 수요일 6시면 퇴근을 종용하는 가족송**을 방송하고 있다.

　가족의 날을 만든 취지는 '휴일도 없이 일하느라 고생했으니 일찍 귀가해서 가정을 돌보라'는 뜻이었을 것이다. 그런데도 누구는 가족송이 나오기 전에 퇴근 준비를 마치고 노랫소리에 맞춰 퇴근하는 사람이 있는가 하면, 여전히 일 처리에 바빠 퇴근송이 귀에 들어오지 않는 사람도 있다.

　기관 관리자들은 개인이나 가정을 더 챙기는 직원보다 직장에 헌신하는 사람을 당연히 좋아한다. 그렇다고 가정을 버려야 할 정도로 일에 매달려서는 안 되겠지만, 직장과 가정 어느 한 쪽으로 치우치지 않아야 하는데 이 또한 쉽지는 않다. 돌이켜보면 개인 일에 치우쳐 주변 동료들에게 피해를 주는 직원보다 직장에 더 충실한 사람이 인사 평가와 승진에서 더 유리해질 확률이 높은 것은 분명하다.

　일반적으로 직장인이라고 하면 직장과 가정 중 직장이 우선이라고 말할 수 있지만, 상황에 따라서는 가정사가 우선일 수 있다. 직장에서 각자의 역할이 다르듯 가정사도 천차만별이기

팩트 체크

* **가족 사랑의 날** : 매주 수요일은 가족과 함께하자는 날로, 바쁜 주중에 하루라도 가족과 함께 시간을 보내는 작은 실천이 가족 사랑의 첫걸음이 된다는 의미에서 지정된 것으로, 여성가족부는 매월 셋째 주 수요일을 Family day로 지정·운영하던 것을 2010년 12월부터 매주 수요일 '가족 사랑의 날'로 확대하여 추진하고 있다(대한민국 정책브리핑, www.korea.kr).

** **가족송** : 작곡 방시혁, 작사 방시혁·서윤미, 노래 김정인(2011. 5. 11.)

때문이다. 경조사나 시급을 다투는 가족의 사건 사고가 아니라면, 대부분 직장인은 일을 우선하되 상황에 따라 구성원들에게 피해가 가지 않도록 처신해야 한다. 하지만, 조직 전체로 보면 2~3명 또는 극소수 사람 때문에 조직적인 문제로 부각되기도 한다. 그들의 사리사욕으로 평소 일 잘하고 주변에 피해 주지 않는 대부분의 직원에게 역차별의 피해가 발생하지 않도록 현명하게 처신할 것을 당부한다.

해결되지 않는 갈등은 없다

직장에서 가장 힘든 상황은 과중한 업무보다 앞에서 이야기한 것처럼 사람들과의 갈등이다. 그 대상은 동료, 상사, 후배, 타 부서 실무자 등 다양하다. 직장에서의 갈등은 일상적일 수 있는데, 구성원 각자의 성장 배경과 환경, 지역, 학벌, 취미 등이 다른 사람이 한 직장 한 공간에서 일하다 보면 수시로 갈등이 발생할 수 있고 그 형태도 다양하다. '갈등은 없어야 한다' 또는 '갈등은 어느 정도 있어야 한다'와 같이 의견이 분분한데, 없으면 좋을 것 같지만 과연 그럴까?

'있고 없고'를 떠나 발생 자체로 불필요한 에너지를 낭비하기 때문에 모두 불편해하는 것은 사실이다. 갈등은 피하기보다 어떻게 해결할 것인가에 집중해야 한다. 사람은 대부분 자기중심적 해석과 자기 이익을 우선하기 때문에 갈등 해결이 쉽지는 않다. 갈등 그 자체를 나쁘다고 할 수는 없으나 예민할 필요도 없다고 말하고 싶다.

필자가 부서장을 하는 동안에는 기관의 이익이나 성과 창출을 위한 것 외에 직원들의 갈등 해결을 위해 많은 시간을 할애했다. 필자의 방문은 항상 열려 있어 누구나 언제든 찾아오라는 메시지를 주곤 했다. 퇴근이나 휴가가 아닌 경우 그 방문이 닫혀 있다는 것은, 남들이 들으면 안 되는 민감한 인사 관련 이야기나 누군가와 고충을 상담하고 있다는 것이다.

한번은 부서를 넘나드는 담당자 간의 갈등에 관해 상담한 적이 있다. 이야기를 들어보니 그 직원은 자기 관점에서 분명 갑질이고 괴롭힘이라고 흥분하며 억울해했다. 그리고 갑질과 괴롭힘에 대한 정확한 이해 없이 기분 나쁘고 마음도 상했으니 신고하겠다는 것이었다. 이유야 어찌 됐든 당사자는 제도를 활용해서 갈등 상황을 해결하고자 하나 절차도 까다롭고 시간이 오래 걸리는 사안이고, 당사자뿐만 아니라 관계된 모든 사람이 비밀 유지를 위해 노력해야 해서 최종 결론이 날 때까지 모두 노심초사했다. 조사 결과를 반영해 담당 업무를 바꾸거나 부서를 재배치해 봤지만, 당사자 간 내면의 갈등까지는 해결되지 않아 그 후유증은 휴직이나 퇴직으로 이어지기도 한다.

갈등의 시작

"자라 보고 놀란 가슴, 솥뚜껑 보고 놀란다"는 속담이 있다. 과거 어떤 것에 몹시 놀란 경험이 있는 경우, 이후에 비슷한 것을 보더라도 겁을 낸다는 말이다. 이와 마찬가지로 과거 자신에게 어떤 영향을 미친 사람에 대한 감정, 갈등, 바람을 현재 다른 사람에게 적용시켜 표현하면서 갈등이 시작될 수 있다. 즉, 과거에 좋지 않았던 경험을 생각나게 하는 그 상대방이 싫어질 수 있다. 과거에 자신과 갈등을 빚었던 사람의 성격이나 행동, 특성을 주변 누군가의 모습에서 보거나 느꼈을 때, 그 사실만으로도 그 사람이 싫어질 수 있다.

예를 들어, 엄한 아버지와 관계가 좋지 않았다면 조직에서 아버지와 비슷한 모습을 보이는 상사를 싫어할 수 있다. 그리고 동료나 상사의 말투, 웃음소리, 외형적인 특징, 옷 입는 것 등이 내가 싫어하는 사람과 같거나 비슷하다는 이유로 그를 싫어할 수도 있다. 또는 다른 사람의 말과 행동에서 자기 모습이 보이는데 애써 감추고 있는 자신을 보면서 그 사람이 좋게 보일 리 없다. 팀 동료가 상급자에게 잘 보이기 위해 애쓰는 모습을 보면 왠지 거슬릴 수 있다. 그 이유는 자신도 그런 욕구가 있지만 스스로 자제하고 있기 때문이다. 그러면서 그 사람의 행동이 아부로 느껴질 수 있다. 자제하는 것과는 반대로 '자신은 관계보다는 실력으로 인정받는 사람'으로 생각하고 있기 때문이다. 결국, 자기중심적 사고방식 때문에 상대방을 이해하지 못하면서 싫어하고 용서할 수 없는 사람으로 판단할 수 있다.

갈등은 서로 부정적인 감정이 저변에 깔려 있어 해결에 어려움을 겪는다. 특히, 직장에서 발생하는 모든 갈등은 사람이 연루되어 있어 낯선 사람과 겪는 불화(不和)가 아니라 지속적으로 관계를 맺고 있는 사람들과 겪는 불화다. 그러면서 우리는 적어도 고등교육 이상을 받은 지극히 정상적인 사람이면서도 갈등 관리 기능은 생각만큼 유연하지 못하고 서툴다.

그렇지만 친밀한 사이에서 이루어지는 협력과 소통은 다른 사람과의 관계에서 모범 사례가 되기도 한다. 갈등의 결과가 부정적인 것이 더 많다고 생각할 수 있는데, 그것은 당사자 간의 부정적 감정만 공유하기 때문이다. 이 경험은 감정으로 쌓여 부정적 소통의 기반이 된다. 또, 갈등은 직장 내 성과 정도와 인사 평가, 승진, 협업 등 조직과 개인 성장에 어떤 형태로든 영향을 미친다. 그런가 하면 부정적 갈등은 당사자 간 업무 환경이나 정신 건강을 해칠 수도 있다.

갈등에 대한 반응도 제각각이어서 상하 관계에서 일어나는 갈등으로 하위 직원이 직장을 떠나기도 하는데, 그것이 해결책이라고는 할 수 없다. 특히, 동등한 관계에서는 자존심이 두드러지면서 해결하기 더 어렵다.

갈등은 칡[葛]과 등나무(藤)의 관계처럼 복잡하게 뒤엉켜 화합하지 못하는 상황을 말한다. 즉, "상호 의존적 관계를 맺은 최소 2명 이상의 당사자가 서로의 목표를 추진하는 과정에서 발생하는 충돌"을 의미하므로 회피보다는 상황을 직시하고 꾸준한 예방적 관리가 필요하다. 그래서 갈등은 당사자뿐 아니라 주변 사람을 불편하게 만든다. 특히, 그것을 해결해야 하는 상급자는 본인이 추구하는 대로 잘 풀리길 바라지만 그렇게 되지 않아 힘들어한다.

구성원들은 다른 사람과 원만하면서도 협력에 따른 시너지나 윈윈 관계를 원한다. 부정적 갈등을 해결하지 못하면 조직 차원에서 엄청난 에너지와 비용이 들어 손실을 입거나 시간을 낭비하면서 관계를 악화시키고 정신적·육체적으로도 도움이 안 된다. 강한 사람은 갈등을 대수롭지 않게 여기지만, 지병이 있거나 멘탈이 약한 사람은 병이 악화되기도 한다.

만일 치료를 받아야 하는 직원이 생기면 업무 조정이나 타 부서로의 배치를 원하지만, 그마저도 쉽지 않고 직원 건강도 쉽게 회복되지 않는다. 그나마 완쾌되면 다행이지만, 이 상황을 극복하지 못하고 퇴직하기도 한다. 그러면 그 직원이 하던 업무를 동료들이 분담하다 보니 악순환이 이어지게 된다.

갈등을 유발하는 사람

직장에서 함께 일하고 싶은 사람은 어떤 사람일까? 자기에게 주어진 일은 당연히 잘하고 소통도 잘하는 사람일 것이다. 인사평가나 승진이 일 잘하는 것만으로 결정되는 것이 아니다. 일 외에 구성원들과의 원만한 소통과 협업, 희생과 봉사, 리더십과 근면함 등으로 판단할 수밖에 없다.

그런데 직장이나 단체에 "저 사람만 없으면 직장생활 할 맛 나겠다!" "저 팀장은 만나지 않았으면 좋겠다!" 등 불편을 느끼게 하는 사람이 있다. 이런 경우 어떻게 대처하면 좋을까?

하루 대부분의 시간을 보내는 직장에 불편한 사람이 있다는 것은 참기 힘든 일이다. 그것도 같은 팀이나 부서에 있는 사람이라면 스트레스가 더 클 것이다. 이 사람들의 특징 중 하나가 하위 직급이 아닌, 나름대로 오랜 기간 직장생활을 하면서 자기주장이 강해 자주 마찰을 빚거나 주변의 인식이 안 좋아 이리저리 치이기도 했을 텐데 꿋꿋이 버티고 있다. 당사자는 나름대로 피해의식이 있어 마음고생도 했겠지만, 많은 사람이 '불편한 사람'으로 인식해 함께 일하고 싶지 않은 인물로 낙인찍히면서 조직을 겉돈다.

이런 사람, 어떻게 해야 할까? 처음에는 대화도 해 보고 가까워지려고 노력도 해 봤다. 하지만 상대는 다가가는 사람에게 마음의 벽을 치고 뒷걸음질친다. 그런 성향을 아는 순간 다가가지도 않고 멀리하지도 않는(不可近不可遠) 방법밖에 없다. 조직 차원에서는 이로 인한 직원들의 불만을 해소하거나 팀 성과를 위해서라도 부서 이동 배치를 고려해야 한다. 하지만, 그 직원을 받아야 하는 팀장이나 팀원들은 부담이 아닐 수 없다. 그 직원과 함께 일한다는 것 자체가 불편하기 때문이다. 내가 편하게 다가가도 그 직원은 뭔가 다른 의도가 있는 것이 아닌가 의심하면서 오히려 밀어내는 바람에 그것도 쉽지 않다.

　이런 유형의 직원은 유독 자기주장이 강하다. 긍정적으로 표현하면 지조(志操)가 있다거나 '뚝심이 있다' 하고, 부정적으로는 '고집이 세다'고 한다. 어떤 업무든 자기중심적으로 남의 말을 잘 듣지 않거나 한번 결정한 것은 절대 바꾸지 않으려는 경향이 있다. 이들의 특징 중 하나가 자신보다 강한 사람에게는 자기주장을 하다가도 상대의 반응에 따라 곧바로 수긍하거나 알아서 처신하는데, 자신보다 약한 사람에게는 짓누르려 하고 무시하기도 한다. 자신은 절대 그럴 의도가 없었다고 하지만, 상대는 그 사람과 대화도 하기 싫고 만나는 것도, 협업도 싫으니 제발 부딪치는 일 없게 해 달라고 한다. 의도가 있든 없든 습관적인 표현일 수 있다.

　당사자가 신입이거나 경력이 짧을 때는 직속 상급자와는 별 문제 없이 업무를 수행하고 타 부서 실무자들과도 잘 지내는 편인데, 경력이 쌓이면서 본성이 드러나고 마찰이 잦다. 더 경력이 쌓이고 자기 업무에 자신이 생기면서부터는 상급자나 직속 관리자와도 마찰이 생길 수 있어, 특정 사안에 대해서는 자기 뜻이 받아들여질 때까지 그들을 힘들게 할 수도 있다. 상급자의 성향에 따라 달라질 수 있는데, 강한 상급자에게는 쉽게 수긍하는 편이지만 그렇지 않은 상급자에게는 자기주장을 적극적으로 표현한다.

　어느 직장이나 이런 유형의 직원이 있다. 하급자든 상급자든 관련 자료를 가지고 설명하면 바로 인정하고 그에 맞는 결정을 내리면 되는데, 계속 자기주장을 하면서 마찰이 생기고 조직 분위기를 흐트린다. 결국, 일은 잘하는데 대인관계가 원만하지 못해 인사 평가가 좋지 않아 본인은 늘 불만이고, 승진도 쉽지 않다. 이런 유형의 사람들은 모든 구성원이 함께 일하기 꺼리는 대상이 되면서 본인도 힘든 길을 간다. 문제는 그걸 알면서도 본인은 한번 아니면 목에 칼이 들어와도 아니고, 한번 옳으면 끝까지 옳다고 우기면서 자신은 아무 문제가 없고 상대나 시스템, 조직의 문제로 돌리고 물러서지 않는다.

이 문제를 스스로 바꾸기는 쉽지 않다. 방법은 조직 차원에서 해결할 수밖에 없는데, 조직을 위해 무엇이 옳은 판단이고 좋은 결정인지를 선택하고, 인권 침해가 발생하지 않는 정도의 노무 관계를 명확히 해서 일정 기간 교육을 통해 변화의 계기를 마련하기를 권장한다. 일은 잘하기 때문에 자신을 조직의 목표에 맞추기만 하면 구성원들에게 좋은 평가를 받을 수 있는데, 그것이 안 돼 조직을 떠나기도 한다. 자신이 조직을 떠나면 다행인데, 그 사람 때문에 일 잘하는 하위직 직원이나 신분이 불안한 임시직 직원이 떠나는 것이 문제다.

필자 생각에는 '취업하기 전 본인만 아는 피해나 스트레스로 인한 트라우마로 그것을 만회하기 위한 자기방어 기전이 만들어지면서 그런 현상이 나타나는 것이 아닐까?' 하고 유추해 본다. 이런 직원의 특징 중 하나가 외부 이해관계자들과는 대체로 원만한 관계를 유지한다는 것이다. 공적인 관계만 유지하고 세부적인 인간관계까지 접하거나 느끼지 못하면서 우리가 겪는 어려움을 잘 모르기 때문이라고 보고, 자신과 조직의 발전을 위해 유연성 있는 태도 변화가 필요하다고 본다.

직원 우선? 조직 우선?

갈등 없이 모든 일이 순조롭게 진행되면 좋겠지만, 지역과 나이, 성별, 성장 환경, 학습 정도, 경험 등이 각기 다른 사람들이 모여 있는 조직에서 갈등이 일어나지 않기를 바라는 것은 희망사항일 뿐이다. 서로 의견이 다른 경우 불편하고 당황스러울 수 있지만 현명하게 해결하는 것에 초점을 맞추는 것이 중요하다.

영화 '남한산성'(감독 황동혁)은 1636년(인조 14년) 병자호란을 다룬 작품으로 청(淸)이 공격해 오자 임금과 조정은 남한산성으로 숨어든다. 추위와 굶주림, 절대적인 군사적 열세로 청군에 완전히 포위된 상황, 대신들의 의견 또한 첨예하게 맞선다. "순간의 치욕을 견디고 나라와 백성을 지켜야 한다"(A)는 이조판서 최명길(이병헌)과 "청의 공격에 끝까지 맞서 싸워 대의를 지켜야 한다"(B)는 예조판서 김상헌(김윤석). 그 사이에서 인조(박해일)의 번민은 깊어지고, 청의 무리한 요구와 압박은 더욱 거세진다.

결국, 인조는 치욕을 견디고 나라와 백성을 지켰다.

갈등 상황이 발생했을 때 가장 먼저 생각해야 할 것은 '직원 간의 관계를 망쳐서라도 기관의 목적 달성'(A)이 중요한지, 아니면 '기관의 성과를 조금 포기하더라도 직원 간의 관계를 좋게 유지'(B)하는 게 더 중요한지 우선순위를 살펴봐야 한다. 즉, 구성원이 우선인지 조직이 우선인지를 먼저 살피고, 직원과 팀, 부서의 관계가 나빠지기를 원하지 않는다면 과감하게 다른 방법을 찾아야 한다.

당사자들의 도덕적 가치가 무너지거나 인권 침해, 업무 성과에 절대적인 결과를 가져오는 것이 아니라면, 구성원과의 관계가 우선시되는 경우가 얼마든지 있다. 또, 갈등 해결을 위한 합의가 받아들여지면 갈등 양상이 협력 관계로 개선되고 조직의 성과도 극대화하는 최고의 결과를 가져올 수 있다. 무조건 '이번에 양보하면 안 돼'라고 생각하지 말고 여러 결과를 고려해서 대응하는 것이 좋다. 개인 간이든 부서 간이든 갈등이 길어지면 주변 사람들까지 힘들고 기관의 성과까지 장담할 수 없다. 공공기관이기 때문에 갈등 해결에 무게 중심을 두고 구성권과 조직 둘 다 피해가 가지 않도록 현명한 방법을 찾는 것이 중요하다.

갈등 관계를 해결하다 보면 생각보다 더 많은 시간과 에너지를 쓰게 된다. 쉽게 끝날 것으로 생각했는데 서로 견해 차이를 토로하는 과정에서 많은 시간이 필요하거나 더 깊은 갈등이 유발될 수도 있다. 그렇다고 포기하면 부서장이나 경영진의 리더십에

흠집이 생기거나 기관의 목표에도 차질이 발생할 수도 있다. 그러니 갈등 해결을 시도하기 전에 '해결할 수 있는지'와 해결됐을 때의 '기대 효과', 해결이 안 됐을 때의 '후폭풍' 등을 생각해 보고 접근해야 한다.

갈등 해결 시도

갈등으로 주변 사람이 힘들어하는 낭비적인 요소를 없애고 싶다면 당장 갈등 해결을 시도해 보자. 의견이 팽팽해서 더 이상의 타협점을 찾을 수 없다면, 서로 무엇을 포기할지 하나씩 논의해 가는 것이다. 이때는 내가 양보할 것과 양보하면 안 되는 것을 전략적으로 판단하는 것이 중요하다. 타협을 위해 '조금씩 양보하자'는 것이다. 갈등 해결 자체가 더 중요하거나, 더는 해결 방안이 안 보인다면 무엇이 조직에 유리한지 판단하고 시도하는 것이 좋다. 결국, 우리가 하는 일은 개인의 이익이 아닌 국민과 국가를 위해 일하는 사람으로서 자존심이 상하지 않는 수준에서 해결하는 것이 바람직하다. 이 과정에서 진심으로 사과한다면 개인 간 감정적인 것도 해결될 것이다.

사람마다 정도의 차이는 있지만, 관계를 맺는 순간 갈등은 시작된다. 일 년에 한두 번 만나는 사람과 갈등할 이유는 없겠으나, 자주 만나서 일에 관한 대화나 서로의 생각을 말하다 보면 그 사람 본연의 모습을 알게 되고, 그런 접촉 과정에서 실망과 오해가 풀릴 수 있다. 특히, 양보로 인해 나와 팀 업무의 양이 늘어나거나 신규 업무 전담 부서 지정과 담당자 지정, 인적 구조 조정에 따른 구성원 조정 등 서로 이해관계가 걸린 문제가 생기면, '부서 중심, 개인 중심' 이기주의가 발현되면서 갈등의 골이 깊어진다. 더구나 이 갈등이 '분노'로 발전하면 상대방 이야기는 듣지 않고 갈등 상황을 자신에게 유리한 쪽으로 해석하고 확정 짓는데, 그러다 상황이 불리해지면 폭발하기도 한다.

분노를 연구하는 학자들에 따르면, 누군가와 감정이 있으면 그것을 어떤 방식으로든 표현해서 해소하려고 한단다. 그러기 위해서는 일차적으로 대화가 필요한데, 그렇지 않고 무조건 참거나 지나쳐 버린다면 "안 그래도 짜증나는 상황인데 너 잘 걸렸다!" 하면서 그 화를 엉뚱한 곳에 퍼부을 수 있다. 일할 때는 순간순간 많은 것을 결정하다 보니 상황을 객관적으로 보지 못하고 평소에 사용하지 않던 비속어가 나올 수도 있으니 급할수록 상대를 배려해서 자기 의사를 표현해야 한다. 자기 감정을 억누르지 못해 무심코 내뱉은 말을 상대방이 듣기라도 하면 그 후폭풍은 걷잡을 수 없게 된다.

'방어 운전'이라는 말이 있다. 운전하는 사람은 다 알 것이다. 필자가 차를 운전하고 가족 나들이를 가다가 2차선 도로 커브 길 맞은편에서 중앙선을 넘어오는 차를 급하게 피해 사고를 모면한 적이 있다. 내가 아무리 조심해서 운전해도 다른 차가 와서 부딪치는 것까지 피하기는 쉽지 않다. 하지만, 평소 법규를 잘 지키고 전방과 후방, 옆을 주시하면서 운전하면 내게로 달려

드는 다른 차를 피할 수 있다. 설령 부딪쳤어도 2차, 3차 사고로 이어지지 않는다.

사람과의 관계에서도 방어 운전하듯 상대와 다름을 인식하고 서로를 생각해서 상대의 반응이 나로 인한 것은 아닌지 스스로 자문하고 대응하는 자세가 필요하다. 결국, 모든 갈등은 시간이 지나면서 눈 녹듯 사라진다. 아무리 힘들고 복잡한 것이라도 시간이 지나면 자연스레 해결된다. 두 당사자의 업무를 조정하거나 부서 재배치를 통해 서로 마주칠 일이 없어지면서 갈등은 사라질 수 있으나 개인 간 감정의 골은 여전히 남을 수 있다. 한여름 폭풍우가 지나듯 시간이 지나면 잔잔해진다는 믿음을 가지면 지금의 갈등을 이겨내는 데 도움이 될 것이다.

갈등을 회피하기보다는 우리 삶의 일부분으로 받아들이고, 갈등 상황이 생겼을 때 현명하게 대처하는 것이 중요하다. 사람 사는 세상에서 갈등은 사라지지 않는다. 다만, 어떻게 대처하고 해결하는지가 중요한 것이다.

'나'에게서 갈등 원인 찾기

인사이동 때 관리자는 어떤 기준으로 직원을 선택할까? 성격은 좀 문제가 있어도 일을 잘하는 직원을 원할까? 아니면, 일은 좀 못하더라도 성격이 원만한 직원을 원할까? 당연히 성격 좋고 일 잘하는 직원을 선택하고 싶을 것이다. 일만 잘하는 사람은 성과를 잘 내지만 구성원과 마찰이 잦고 팀 분위기를 해칠 가능성이 있어 팀장과 부서장은 고민할 수밖에 없다. 반면에, 성격 좋은 사람들은 팀워크만 잘 되면 성과가 나온다. 누구를 선택하느냐가 중요한 것보다 좀 부족하거나 독특해도 그들을 성장시켜 성과와 팀워크가 잘 나오게 하는 것이 관리자의 사명이라고 생각한다.

관리자들은 팀원을 찾느라 당사자와 식사를 하거나 차를 마시면서 의견을 물어보는 등 물밑 작업을 하는데, 자신이 선호하는 사람만 데려오려는 것도 문제라고 본다. 결국, 성격 장애가 있는 사람도 싫고, 일 못하는 것도 싫은 것이다. 필자도 많은 직원과 일해 봤지만 일 못하는 것은 가르치면 되는데 성격 안 좋은 것은 언제 터질지 모르는 시한폭탄을 안고 있는 것과 같아 피하려고 했다.

팀장과 부서장은 본인이 선호하는 직원만 데려오려는 생각부터 바꾸길 바란다. 어느 직장과 조직이든 다양한 구성원들을 어떻게 조율해서 팀과 조직을 운영할지는 관리자의 몫이다. 다양한 구성원들과 업무를 수행하면서 같이 일하는 사람이 싫어지기도 하고, 인사 평가와 승진에서 선의의 경쟁 대상이 되면서 불편할 수 있다. 그러는 동안 아주 사소한 것에서부터 갈등이 생기는데, 그 이유를 상대 탓으로 돌리기 쉽다. 그런데 그 원인이 자기 자신에게 있을 수도 있으니 갈등의 근원지를 돌아볼 필요가 있다.

특히, 공공기관에서 전산이나 전기, 기계 장치 등 특수 업무를 제외하고 행정 업무를 하는 모든 구성원은 처음 배정된 부서를 떠나 타 부서로 이동하거나 조직 개편, 또는 임시조직(Task Force Team)에 참여하는 등 새로운 사람들과 일할 기회가 있다. 기관의 목적을 달성하기 위해서는 전문직이라도 특정 프로젝트에 참여하여 새로운 사람과 업무를 수행하기도 한다. 조직 차원에서는 새로운 성과 창출을 위한 협업, 분야 간 융복합, 조직 활성화 등을 위해 구성원 간의 교류를 통하여 다양한 업무를 수행하는 경우가 종종 있다.

이때 잘 통하는 직원과 함께 일한다면 업무에 대한 만족도가 높아지겠지만, 직장은 학교 또래 집단같이 친밀감을 바탕으로 형성되는 집단이 아니므로 불편한 사람과도 참고 일하게 된다. 그렇다고 성향 차이나 개인적 이유로 일을 거부하기도 어렵다. '저 사람은 이래서 안 되고, 이 사람은 저래서 안 되면' 퇴직할 때까지 붙박이로 한 부서에서만 일할 수밖에 없다. 같이 일하는 사람이 싫고 특정한 행동이나 언행, 말투가 거슬린다든지, 이런저런 태도가 마음에 들지 않는다며 상대가 싫은 이유를 찾는 것은 어렵지 않다.

반대로 한 번 생각해 보자. 과연 상대방이 모든 문제의 원인일까? "제 눈에 들보(칸과 칸 사이 두 기둥을 건너지르는 나무)는 못 보고 남의 눈에 있는 티끌은 잘 본다"는 말처럼 그 원인이 자신에게 있을 수 있는데, 이를 의식하지 못하고 상대 탓만 하는 것은 아닐까? "용서의 시작은 상대방을 진심으로 바라보는 것"이라고 한다. 다양한 인간관계에서 상대의 실수나 잘못으로 나에게 피해를 준 사람을 용서하기는 쉽지 않다. 하지만, 그 사람을 미워할수록 내 마음의 상처 또한 깊어질 수 있다. 그 사람을 처음 만났을 때처럼 대하기는 쉽지 않지만 노력은 해 봐야 한다. 그것이 용서이고 화해의 시작이기 때문이다.

상대방이 화를 내는 빌미를 내가 먼저 제공한 것은 아닌지, 나의 태도를 먼저 바라보는 것도 중요하다. 그 사람은 이전에 나 때문에 상처를 받았는데도 참아내고 나를 대했다면 나도 참아야 한다. 상대는 나의 태도로 마음의 상처를 입거나 업무적 피해를 보았는데 참아내고 나와의 관계를 유지하고 있었다면 나 역시 그래야 한다. 내가 그 사람을 처음 만났을 때처럼 그 사람의 좋은 면을 바라보는 시각이 그 사람을 용서하는 시작점이 아닐까?

나의 행동을 변화시킨다는 측면에서 나에게 원인을 찾아 갈등을 해결하는 것이 더 유용할 수도 있다. 상대가 싫다고 해서 내가 그 사람의 성격이나 습관을 바꾸기는 어렵다. 더욱이 상대의 지위가 나보다 높거나 연장자라면 더 어려운 일이다. 반면에 상대를 싫어하는 원인이 나에게 있다는 것을 알았다면, 나를 변화시키는 일은 비교적 쉽다. 손뼉도 두 손이 마주쳐야 소리가 나듯 모든 원인이 상대에게만 있다고 탓할 것이 아니다. 원인이 나에게 있을 때 가장 큰 문제는 어느 직장, 어떤 상황, 누구를 만나든 비슷한 갈등이 반복될 수 있다는 것이다.

대부분 나의 습관이나 언어, 태도에는 문제가 없다고 생각하고 남들이 나의 단점을 지적하면 받아들이려고 하지 않는다. 이것이 보통 사람들의 특성이라고 해도, 누군가 그런 지적을 하면 "내가 그랬어? 미안해!"라며 바로 수용하고 사과할 때 사람들로부터 인정받을 수 있다. 문제는 '내가 문제인 것을 나만 알지 못한다'는 것이다.

내가 상대를 용서한다는 것은 상대가 나를 함부로 대하도록 방치하는 것이 아니다. 용서는 나에게 마음의 상처나 피해를 준 그 사람을 이해하는 것부터 시작하는 것이다. 상대의 말 한마디에 큰 상처를 받을 수 있고, 그 사람의 의도적이지 않은 실수로 내가 큰 피해를 볼 수도 있다. 직장에서 모든 것을 따져가며 대할 수는 없지만, 나의 말과 태도로 누군가에게 상처를 주거나 피해를 주는 일이 없도록 나를 먼저 돌아봐야 한다.

이 책을 읽고 그런 생각이 들었다면 시도해 보자. 바로 하는 게 어렵다면 어떤 핑곗거리를 만들어서라도 자연스럽게 하되 진심이 느껴지도록 해 보자. 나를 돌아볼 줄 안다면 앞에서 나열한 갈등 상황도 만들지 않을 사람이다. 내가 세상과 다른 방향으로 생각하고, 상대와 다른 행동을 하면서 세상이 변하고 상대가 변해야 한다고 말하면 가능성 없는 얘기다. 내가 먼저 변한다면 어떨까? 모든 것은 마음먹기에 달렸다. 이것은 외형상 상대를 용서한 것이지만 내면의 나를 용서하고 변화하는 것도 된다.

만나라! 얼굴 보고 대화하면 해결된다

세상에는 구세대와 신세대가 있고, 개인이든 직장이든 상급자와 하급자, 부서와 단체, 세대와 세대 간의 갈등은 존재할 수밖에 없다. 사회뿐만 아니라 가정, 직장에서도 갈등을 호소하는 경우가 많은데, 결국 이것이 직장 내 업무 방해 요소가 되면서 조직의 성과와 문화에 막대한 영향을 미친다.

갈등 문제로 당사자들과 대화해 보면, 문제를 어떻게 해결할지 고민하는 것이 아니라 '나는 잘못이 없고 상대가 문제'라고 한다. 그래서 양쪽 의견을 들어봐야 한다. 같은 목적을 가지고 운영되는 조직인데 업무 영역과 책임만 따지고 직장의 성과와 이미지는 안중에도 없다. 아니, 자존심만 지키려 한다. 결국 외부 고객을 대상으로 성과를 창출해야 하는데 내부 총질과 갈등으로 직장과 주변 사람들은 멍들고, 갈등을 해결하지 못한 채 당사자들은 인사이동 때 타 부서로 이동하거나 결국 직장을 떠난다. 그나마 떠나면 남아 있는 사람끼리 상황을 추스르거나 새로운 사람을 영입해서 전환의 계기로 삼겠지만, 떠나지도 않고 문제만 일으키니 답답하기만 하다.

갈등은 재채기처럼 피할 수 없고 누구에게나 찾아올 수 있어 해결하려면 당사자를 만나야 한다. 당사자끼리 만나면 서로 잘잘못만 주장하며 갈등을 더 키울 수 있으므로 각각의 상급자와 함께 만나길 권한다. 당사자가 갑자기 마음이 변해 갈등 상대방을 찾아가 "미안합니다. 그동안 불편한 관계를 만든 모든 것을 사과합니다. 화해합시다." 이렇게 하기는 어려우니 주변에서 나서는 게 좋다. 그게 누구든 당사자들의 마음을 보듬어 줄 수 있는 기관 대표가 지정하는 상급자나 대표면 더 좋다.

필자가 팀장 간 갈등 해결을 위해 상대방 부서장과 실무자를 함께 만난 적이 있다. 양쪽 이야기를 들어보니 서로 요구하는 것을 제공하지 않고 각자의 역할을 다했다면서 상대 탓만 하는 자존심 싸움임을 금방 알 수 있었다. 그러니 당사자들은 만나서 대화로 해결할 생각은 하지 않고 이메일이나 내부 메신저 채팅창을 활용해 업무를 수행했다. 갈등 해결을 위해 무엇이 문제인지, 해결책과 요구 사항은 무엇인지 대화한 지 10분도 안 돼 모든 게 해결됐다. 그러면서 각각의 요구 사항을 주고받기로 하고 모든 것이 일단락됐다. 하지만, 개인 간의 갈등은 사라지지 않았다. 결국 당사자 중 한 명은 퇴직했고, 다른 한 명은 타 부서로 전보 발령되면서 업무적·개인적 갈등은 사라졌다.

갈등이 개인과 조직에 어떤 식으로든 영향을 주는 것은 자명하다. 개인 간 갈등은 구성원 간 정서적 이슈로 이어지면서 업무 수행에 장애가 될 수 있다. 이런 경우, 당사자 간의 대화로 해결이 안 되면 두 사람은 다른 업무로 보직을 변경하거나 기관의 공식적인 권한을 가진 관리자의 개입으로 해결하는 것이 최선이라고 생각한다. 갈등을 해결하기 위해 얼굴을 마주 보고 상대방의 요구 사항이나 조직의 요구, 나의 요구 사항을 반영하여 해결해 보자. 서로 조금씩 양보해 조직을 위해 할 수 있는 것이 무엇인지 모색해 보면 큰 손해도 없다. 결국, 마음의 문제이고 자존심의 문제다.

특히, 자기 업무나 특정 프로젝트를 수행하는 과정에서 상대방의 생각을 들어보면 그에 대한 부정적인 생각만 가득한 채 서로 대화하는 것도 불편해서 갈등이 부풀려진 적도 있다. 하지만, 얼굴 보고 대화를 나누면서 전혀 생각지 못한 해결책이 나오기도 한다. 때로는 극단적이지 않은 긍정적 갈등이 개인뿐만 아니라 조직의 성장과 발전을 가져오는 계기가 될 수도 있다. 갈등은 나쁜 것이니 무작정 제거하는 것이 중요하다는 견해도 있으나 조직과 사회에서 생기는 갈등은 자연스러운 것이다. 대화와 타협을 통해 무엇이 직장을 위해 이로운 것인지 생각하고 조직과 구성원의 발전을 위해 서로 극복하려는 노력이 필요하다.

갈등 없는 조직은 정체한다

갈등은 인재를 떠나게 하고, 조직의 분위기를 해쳐 시간을 낭비하고 집중력과 생산성을 감소시키기도 한다. 또한 사회적 문제를 일으켜 형사 처분을 받을 수도 있다. 2019년 7월부터 개정된 근로기준법 적용에 따라 직장 내 괴롭힘에 대한 제도가 만들어지고 사회적으로 관심이 높아지면서 직장이 어떻게 대응해야 하는지에 대한 고민도 깊어지고 있다.

조직 갈등이 서로를 신뢰하지 않는 감정으로 장기화되면서 기관에 손해가 발생할 수도 있으니, 갈등 원인을 초기에 파악하여 해결하는 것이 좋다. 그러기 위해서는 갈등 당사자의 의견을 반영해 협의를 이끌어 내는 것이 중요하다. 한쪽 의견에 치우친 해결 방안은 당장 갈등은 봉합할 수 있을지 몰라도 장기적인 협력 관계나 조직 관리에 돌이킬 수 없는 악영향만 뿌리내리게 된다. 서로 의견을 존중하고 공통점과 차이점을 파악하고, 각각의 의견과 요구 사항에 대해 논의한다면 모두 수용할 수 있는 결론을 쉽게 도출해 낼 수 있다.

많은 공공기관에서 소통에 대한 교육이 이뤄지고 있지만, 임직원이 교육 몇 시간 받았다고 없던 소통 능력이 생기지는 않는다. 소통을 잘하는 사람은 굳이 교육을 받지 않아도 소통이 잘되고 언행이 부드러워 거부감이 없다. 조직에서 갈등을 유발하는 사람은 극소수다. 그 몇 명이 조직 문화를 이상하게 만든다고 생각한다. 구성원 모두가 소통이 잘 되지 않아 조직이 문제 있는 것은 아니다. 겉으로 드러난 문제만 보면 조직이 곧 망해야 하고 없어질 것 같지만, 대다수 직원이 자기 위치에서 역할을 다하고 있어 조직이 운영되는 것이다.

구성원 중 누군가가 주변 사람들이 불편을 느낄 만큼 화를 자주 내거나 자기주장만 강요하면서 분쟁이 시작된다. 그 분쟁은 동료나 상급자가 중재하면 어느 정도 해결되지만, 분쟁 당사자는 마음의 상처가 갈등의 씨앗으로 남아 있어 언젠가 비슷한 상황이 만들어지면 트라우마처럼 다시 나타날 수 있다. 결국, 지혜로운 갈등 관리는 복합적인 원인을 객관적으로 보고 해결하면 되는데, 그것을 방치하면서 영원한 숙제로 남는 것이다. 그 과정에 자존심이 작용하는데, 이 자존심이 사람을 살리기도 죽이기도 하니 참 어려운 문제다.

갈등 없는 조직과 사회는 바람 없이 나무가 잘 성장하기를 바라는 것이고, 파도 없이 바다가 썩지 않길 바라는 것과 같다. 바람이 없다는 것은 나무뿌리가 제구실을 할 일이 없는 거나 마찬가지다. 나무야 어떻게든 자랄 수 있겠지만, 땅속 깊숙이 뿌리를 내리지 않아 나무가 성장하는 데 필요한 영양분만 빨아들이는 역할을 하면서 누군가 기대거나 흔들었을 때 힘없이 넘어지면 그 나무의 미래를 보장할 수 없다. 또 바람이 없으면 지난해에 틔운 잎이 말라 수명을 다했음에도 나무에 그냥 붙어 있어 새싹을 틔울 수 없다. 파도 역시 바다 밑의 물을 움직여 썩지 않게 하는 것이다.

이렇게 갈등은 조직과 사회의 변화와 성장에 미치는 영향이 분명히 있다. 정치도 집권당과 야당의 갈등과 견제가 있어서 일방적으로만 추진할 수 없고, 정권도 입법과 사법이 상호 견제하면서 균형을 잡는 것이다. 국회가 대통령과 정부를 견제하지 못하면 국회의 역할은 없는 것과 같다.

갈등이 아예 없는 조직 역시 성장에 결코 도움이 되지 않는다. 조직 구성원들이 기관 운영상의 문제점이나 부서 간 이견을 말하지 못하고 침묵으로 일관한다면 그 조직은 정체되면서 부패할 수밖에 없다. 공공기관에서 국민 혈세로 월급 받으며 일하고 있는 공직자들은 법과 규정, 절차에 따라 업무를 수행하고 있다. 하지만, 업무 수행 과정에서 갈등을 피하고자 소극적이고 수동적인 태도를 보일 것이 아니라 국민과 이해당사자들의 이익을 위해 적극적이고 당당한 자세가 필요하다. 그것이 현명하고 똑똑한 직장인이라고 생각한다.

제4부

잘 말하는 능력이 나를 만든다

잘 말하는 능력을 길러라 | 존경을 표현하는 눈빛

내면의 이야기를 들어보자 | 집중하고 있음을 드러내는 몸짓

관계가 깨지는 기분 나쁜 말투 | 지식 축적과 전달 기술을 배워라

잘 말하는 능력이 나의 가치를 높인다

◉

"요즘 사람들은 직장생활을 오래하고 직책도 맡아봤을 텐데 자기소개 시간에 제대로 표현하지 못하는 것을 보고 놀라기도 했지만 너무 안타까웠습니다."

필자의 지인 중 공직에 계신 분이 직무 관련 교육을 다녀와서 한 말이다. 필자 역시 내성적인 성격으로 사람들 앞에서 말하기를 꺼릴 만큼 소심한 남자였다. 1989년 5월 생명(연)에 처음 출근했을 때도 인사 담당자가 부서를 돌며 필자를 소개했는데, 어떻게 인사를 해야 할지 몰라 어색해했던 기억이 있다.

요즘도 신입 직원이 첫날 기관장과 인사하고 면담할 때 자신을 제대로 소개하는 사람이 별로 없다. 아무도 알려 주지도 않고 배우지도 않아 어색하기만 하다.

각 부서에 배치되어서도 마찬가지다. 구성원들 역시 신입 직원을 환호하며 반기지 않아 어색하게 조직 생활을 시작한다. 이럴 때 각 부서에서 환영 회식을 통해 밥만 먹을 것이 아니라 자기소개 시간을 갖는 건 어떨지 생각해 본다.

잘 말하는 능력을 길러라

"혹시 직장에서 말 잘하는 법을 가르쳐 주는 곳이 있습니까?"

앞의 지인이 한 말이다. 신입 직원에게 구성원들과 관계 형성을 잘하는 방법과 말 잘하는 방법, 회의 잘하는 방법, 보고 잘하는 방법 등을 학습하는 공교육은 없다. 이런 교육을 전문적이고 체계적으로 가르쳐 주는 사교육도 없다.

그런데 지원 분야나 직급에 따라 토론과 면접을 통해 채용하는 기관도 있다. 특히, 중앙부처 공무원은 사무관이나 서기관 승진 시험을 위한 '역량 평가'에 상황 면접을 도입해서 실시한다. 필자도 이 시험을 앞둔 중앙부처 지인에게 발표 기법을 코치해 준 적이 있다. 결국 목마른 사람이 우물 판다고, 각자 알아서 대응하는 것이 현실이다.

필자 역시 20여 년 전 "미래를 위해 무엇을 준비할 것인가?" 스스로 질문을 던지면서 얻은 결론은 '어떤 상황에서든 내 생각을 명확하고 효과적으로 전달하려면 말을 배워야겠다'는 것이었다. 그리고 스피치 학원을 찾아가 6개월간 교육받고 이듬해 인천광역시 서구에 있는 국립환경인재개발원에서 '파워스피치 과정' 강의를 시작하면서 20여 년간 학생과 일반인, 직장인 등 3천여 명의 교육생을 가르치며 지금의 필자가 만들어졌다.

TV 토론 프로그램이나 유튜브에 출연하는 정치인들의 스피치 실력은 남다르다. 몇 해 전 우리나라 정치의 두 중심축인 국민의힘과 더불어민주당에서 청년 대변인을 선발했다. 국민의힘은 2021년 6월 서류와 동영상, 면접, 토론 배틀 심사 등을 통해 선발하고, 더불어민주당은 2023년 8월 서류 심사와 각자 찍은 동영상, 현장 논평 작성과 스피치(면접), 유튜브 생중계 토론 심사 등을 거쳐 최종 선발했다. 이 과정에서 중요한 것은 말하기다. 내 생각을 잘 표현하는 것도 중요하지만 상대의 말을 잘 듣고 그에 대한 반론을 제기하되 근거를 제시하고 논리적으로 토론하는 것이다. 그들이 TV 프로그램에 나와 각 당을 대변하는 것을 보면 실력을 느낄 수 있을 정도다.

이렇듯 말은 사람과의 관계를 연결하는 매개체로 배우지 않으면 안 된다. 원리를 알고 꾸준히 연습하면 언제, 어떤 자리, 어떤 주제든 당당하게 이야기할 수 있다. 특히, 말하는 것은 몸으로 체득해서 표현하는 기술이기 때문에 이론과 말, 행동이 함께 발현되어야 한다. 말을 잘한다는 것은 내가 가진 콘텐츠와 생각을 잘 표현하여 다른 사람을 이해시키고 설득하는 과정이다. 또, 아무리 듣기 좋은 말을 하거나 양질의 정보를 쏟아내도 상대방이 이해하지 못하고 듣기 어려우면 '말이 아니고 독설'에 불과하다. 여기서 '양질'이라고 표현한 것은 말하는 사람 입장에서의 '양질'일 뿐이다.

직장 경력이 풍부하고 승진해서 일정 직급까지 올라가 직책을 맡은 사람은 다른 사람들 앞에서 말할 기회가 많다. 그때마다 망설이거나 피하지 않고 실력을 뽐내며 자기 발전의 기회로 활용한다면 생산성 높은 사회활동을 할 수 있을 것이다. 대부분 준비되지 않은 팀장이나 부서장, 또는 사람 앞에 서는 것에 트라우마가 있거나 발표 불안 등이 있는 사람은 기회가 와도 남에게 떠넘기는 경향이 있다. 그것이 반복되면 일정 직급에 오르고 직책을 맡아 기회가 와도 제대로 표현하지 못하고 늘 피해 다니기 바쁘다.

언제까지 피해 다니기만 할 것인가? 과감한 결단과 행동, 훈련을 통해 멋진 스피커로 거듭날 수 있으니, 나중에 후회하지 말고 지금 당장 실천하기 바란다.

신뢰할 수 있는 말

개인 간의 소통이나 직장생활, 그 밖의 대인관계에서 신뢰(信賴)는 매우 중요하다. 각자 영역에서 믿을 수 있는 사람, 여기서 말하는 '믿음'은 아주 작은 행동이나 말 한마디, 사소한 것들이 쌓여서 만들어지는 것이다. "네, 그거 아마 가능할 겁니다." "우리 팀이 확보하고 있을 거예요"와 같이 불확실한 대답은 안 하느니만 못하다. 확인해 보니 가능하지도 않고, 확보하고 있지도 않다면 이미 뱉은 말을 번복해야 한다.

더욱이 그 횟수가 늘어나면 신뢰할 수 없는 인물이 되고 만다. 그렇게 말하는 것보다 "당연히 가능합니다." "네, 우리 팀이 두 세트 확보하고 있습니다." 또는 "안 그래도 이곳에 오기 전 재고를 확인했는데 원하시는 물량을 충분히 확보하고 있습니다"라는 말이 더 신뢰감을 준다. 이렇게 말하려면 대답에 대한 근거도 확실해야 하고, 그 말을 상대가 믿을 수 있는 인격적 신뢰가 쌓여 있어야 한다.

경험이 있거나 정확하게 알고 있으면 즉시 대답할 수 있지만, 해 보지 않은 것을 해 본 것처럼 둘러댄다면 그에 대한 책임도 함께 져야 한다. "그 사람 믿지 마! 그렇게 말하고 항상 딴소리하는 사람이야!" 이렇게 당신을 평가한다면 심각하다. 누군가가 나에게 이렇게 직설적으로 말하기는 어렵겠지만, 그러기 전에 나의 존재가 그렇게 평가되지 않게 하는 것이 더 중요하다.

회의할 때 참석자들을 똑바로 보지 않고 말하거나 말끝을 흐리면 화자(話者)는 거짓말을 하고 있거나 근거가 부족한 말을 하고 있을 확률이 높다. 아니면 말하는 사람이 회의 진행이 처음이라 긴장해서 그럴 수 있다. 대화할 때, 또는 여러 사람과 회의하거나 뭔가를 보고할 때 중요한 것은 내 생각을 상대에게 온전히 전달하여 이해시키거나 설득하는 것이다. 그러기 위해서는 시작도 잘하고 끝맺음도 명확하게 해야 한다. 아무리 좋은 정보도 말끝을 흐리거나 메시지가 잘 전달되지 않으면 의미가 퇴색될 수밖에 없다.

말하는 사람이 확신이 없거나 자신감도 없고 소심하게 보이면 그가 전달하는 정보 역시 신뢰감이 떨어진다. 평소 말 잘하던 사람도 상황에 따라 긴장하거나 어려운 자리에서는 자신도 모르게 말끝이 흐려질 수 있으므로 신경 써서 말하는 습관이 필요하다. 많은 사람과 회의할 때 "안녕하세요. OOO실 OOO입니다"라고 인사하고, "OOO에 대해서 보고(설명)드리겠습니다"와 같이 시작을 명확히 하고, 보고(설명)가 끝나면 "OOO실 업무 보고를 마칩니다." "이상입니다"와 같은 맺음말은 꼭! 신경 써야 할 부분이다. 청중으로서도 '누가 어떤 말을 하겠다'와 같이 시작을 알리고, "OOO을 마치겠습니다"와 같이 끝났음을 명확히 알 수 있는 표현기법이니 습관화해서 사용하면 좋겠다.

이런 표현이 사소한 것 같지만, 이것을 표현하는 사람과 그렇지 않은 사람을 현장에서 많이 봤다. 그것만으로도 준비가 됐는지, 내용을 정확히 파악하고 있는지, 말하기 훈련이 됐는지 등을 알 수 있고 그 표현 하나로 신뢰를 느낄 수 있으니 잘 활용하기 바란다.

존경을 표현하는 눈빛

어느 날 부서장 회의에서 기관장이 기관 운영에 관해 진지하게 발언하는데 한 부서장이 태블릿 PC를 켜놓고 펜으로 뭔가를 열심히 적고 있었다. 그때 기관장이 몇 번 바라보더니 "OOO 실장은 왜 내 말 안 듣고 딴짓을 하나?"라고 물었다. 그러자 그 부서장은 태블릿 PC 메모장을 보여 주며, "원장님 말씀을 메모하고 있습니다"라고 말해 기관장을 머쓱하게 했다. 해프닝이었지만, 누군가 말할 때 경청하지 않으면 말하는 사람은 기분이 나쁠 수 있다. 상대방의 말을 몸과 마음으로 온전히 듣는 경청(敬聽)은 좋은 태도인데, 훈련되지 않으면 절대 쉽지 않다. 이것은 듣는 사람이 잘 들으면서 내용도 잘 이해하고 있다는 신호이고, 말하는 사람도 상대방이 잘 듣고 있음을 느낄 수 있다.

경청 태도 중 최고는 눈맞춤(eye contact)이다. 당신이 누군가에게 열심히 말하고 있는데 상대방이 수시로 다른 데로 눈을 돌리고 핸드폰으로 문자를 주고받고 있다면 '이 사람은 내 말을 안 듣고 있구나', '내 말에 관심이 없구나', '내 말을 듣는 것보다 다른 뭔가에 더 신경 쓰고 있구나'라고 생각하면 된다.

대화할 때 말하는 사람의 눈을 보는 것은 집중과 존중을 의미한다. 어떤 사람은 내성적이고 부끄러움이 많아 눈맞춤이 어려울 수 있다. 특히, 우리나라같이 어른을 공경하고 예의범절을 강조하는 유교 문화에서 성장한 사람들은 말하는 사람과 눈을 마주치는 것이 예의범절에 어긋나는 것으로 비칠 수 있어 똑바로 바라보지 못했다. 절대 상대의 말을 무시하는 것이 아니라 성격 때문이라 하더라도 대화 중에 상대방의 산만한 눈동자를 보는 순간 화자는 불쾌함을 느낄 수 있다.

소심한 성격으로 눈을 마주치지 못하는 것과 딴짓을 하는 것은 분명 차이가 있다. 따라서 누군가와 대화할 때는 의식적으로 상대의 눈을 바라보도록 노력해야 한다. 이때의 눈맞춤은 눈을 부릅뜨고 째려보는 것이 아니라 부드럽게 존경의 마음을 담아 바라보되 화자의 말에 리듬을 타듯 고개를 끄덕여 주는 것도 경청하고 있음을 알려 주는 태도다. 당신의 눈으로 화자에게 존중을 표현할 수도 있고 무시할 수도 있음을 기억하자.

오해받지 않기 위해서는 눈을 계속 바라보는 게 아니라 미간(두 눈썹 사이)과 코, 얼굴 전체를 번갈아 보는 것이 좋다. 특히, 화자가 여성일 경우 시선이 입술이나 얼굴 밑으로 내려가는 것은 상대방에게 불쾌감을 줄 수 있으니 조심하기 바란다. 화자의 말 중 주요 키워드나 듣는 사람의 생각을 메모하면서 듣는 것도 경청하고 있음을 표현하는 좋은 방법이다. 가능하다면, 중간에 질문하는 것도 한 방법이다.

내면의 이야기를 들어보자

필자는 팀장으로 일할 때 워크숍이나 체육대회, 야유회 등 많은 사람이 협력해서 준비한 업무를 마치면 팀원들과 식사하면서 그동안의 노고를 위로하고 격려하는 시간을 가졌다. 사정이 있어 그런 자리를 갖지 못했으면 다음 회의 때 행사를 준비하면서 좋았던 점과 힘들었던 점, 개선할 점 등에 관한 이야기를 나누다 보면 직원들의 속마음을 알 수 있다. 이때는 불만을 표출하는 것보다 협조해 준 동료나 팀장, 주변 사람들에게 고마운 마음을 표현하면서 발표력도 키우고 팀 단결력과 애사심도 생길 수 있어 자주 시도하곤 했다.

이런 경우 대부분의 직원은 긍정적인 이야기를 한다. 또 "다른 큰 행사를 치러 봤기 때문에 이번에는 그리 어렵지 않았고, 동료들이 있어서 힘이 됐다"라고 말하기도 한다. 그러면서 한층 성장한 서로의 모습을 보게 된다. 그리고 듣는 사람 역시 긍정적으로 받아들이게 된다. 뒷담화가 아닌 조직의 발전을 위한 개인의 경험과 사례를 말하면서 긍정적인 효과와 문화가 만들어지고 팀 분위기도 좋아진다.

토론을 싫어하는 사람은 자기 노출을 꺼리는 경향이 있어 피할 수도 있다. 말주변이 없어서라기보다 부정적인 자신의 속마음을 보이기 싫어서 꺼리는 것일 수도 있다. 이런 직원은 자신이 떳떳하게 말할 행동을 하지 않았다는 증명이기도 하다. 동료들이 말하는 것을 들으면서 그들보다 열심히 하지 않아 찔리는 부분이 있을 수도 있다. 하지만, 이 직원도 동료들의 이야기를 들으면서 반성하는 계기가 될 수도 있다. 이런 과정에서 직원들의 마음을 긍정적으로 받아 주고 이해해 주면 성과와 애사심은 자연스럽게 따라온다.

집중하고 있음을 드러내는 몸짓

생명(연)은 대전에 본부가 있고 전북 정읍과 충북 오송에 각각 분원이 있다. 다음은 대전 본원에 있는 필자의 후배가 전해 준 말이다.

오송에 있는 직원 한 사람이 자신을 만나러 왔는데 너무 바빠서 다른 사무실에 가서 먼저 일을 보고 오면 좋겠다고 말했다. 그러자 그 직원은 후배의 말대로 일을 보고 돌아갈 시간이 되어 오송으로 갔다고 한다. 이 상황을 모르는 후배가 급한 용무를 마치고 그에게 전화했더니, "자기도 일이 있어 지금 오송에 가는 중이라면서, 우리는 다음에 보면 되지 뭐"라고 말했단다. 그때 후배는 자신을 만나러 온 그 직원에 대해 "자신을 그리 중요하지 않은 인물, 약속을 쉽게 바꿀 수도 있는 사람으로 대하는 것 같아 불쾌했다"면서 그 후 그 직원을 멀리하게 되었다고 한다.

또, 컴퓨터 모니터를 보며 집중해서 일하고 있는 당신에게 누군가 말을 걸어온다면 어떻게 하겠는가? 상대가 누군지에 따라서 달라질 수 있겠지만, 일단 동료라고 생각해 보자. 이때 고개만 돌려 그와 대화할 수도 있고, 키보드에서 손을 내린 뒤 몸을 상대 쪽으로 돌려 대화할 수도 있다. 이 사소한 동작의 차이는 상대에 대한 당신의 신뢰와 배려의 차이를 의미한다. 당연히 동작을 멈추고 상대를 향해 몸을 돌리는 것이 그의 말에 집중하면서 배려하고 있음을 나타내는 행동이다. 작성하던 서류를 마무리해서 누군가에게 보고하거나 이메일로 보내야 하는 급한 상황이 아니라면, 잠시 여유를 가지고 몸을 돌려 대화해 보면 어떨까? 실제로 그런 상황이라면 "잠깐만, 이메일 하나 보내고…"라고 하면 잠시 기다릴 것이다.

두 사례에서, 말을 걸어오는 상대를 좋아하거나 친근한 사람, 오랜만에 만나는 사람, 상사, 기관 대표 등에 따라 달라질 수 있겠지만, 상대가 누구든 그를 배려하는 마음 자세와 습관이 필요하다. 내가 필요해서 다른 동료에게 말을 걸었을 때를 생각해 보면 쉽게 이해할 수 있을 것이다.

마찬가지로 몸의 기울기 역시 대화를 향한 집중이나 관심 정도를 나타내는데, 테이블이 있는 방에서 회의를 한다면 의자에 앉아서 아래와 같은 자세를 취할 수 있다.

① 정자세로 손만 테이블에 가볍게 올린 모습
② 몸을 앞으로 약간 기울인 자세로 팔꿈치까지 테이블에 올린 모습
③ 몸을 뒤로 젖히고 팔꿈치도 테이블 아래로 내린 모습

①   ②   ③

정자세(①)는 정중함을 표현할 수도 있지만, 왠지 거리감이 있고 딱딱한 분위기를 만든다. 몸을 앞으로 약간 기울인 자세(②)는 높은 관심도와 적극성을 보이는 자세라 할 수 있다. 개인의 피로도나 습관에 따라 잠시 뒤로 젖히거나(③) 스트레칭을 할 수도 있지만, 뒤로 젖힌 자세는 지루함이나 낮은 관심도뿐만 아니라 때로는 방어적·소극적으로 느껴지면서 화자를 불편하게 할 수 있다. 뒤로 젖힌 각도가 과하면 그때는 거만함의 영역으로 넘어가면서 화자뿐 아니라 주변 사람들까지도 불편할 수 있다.

당연히 좋은 대화를 위해 우리가 선택해야 하는 자세는 정자세(①)나 앞으로 기울인 자세(②)다. 내가 좋은 태도를 보였다면 말하는 사람은 나에게 더 많은 정보를 제공할 것이다. 이것이 사소해 보일 수 있지만 상대에 대한 인간적인 존중과 신뢰를 나타내는 기본적인 노력임을 잊지 말자.

관계가 깨지는 기분 나쁜 말투

"기분 나빠하지 말고 내 얘기 잘 들어!"라고 말하는 사람이 있다. 이 말은 듣자마자 기분이 나쁘지만, 보통 이런 말 하는 사람은 상급자나 선배이고 듣는 사람은 하급자나 후배일 가능성이 크다. 이 말 뒤에 나오는 말은 모두 기분 나쁜 말이지만 하급자라면 들을 수밖에 없다. 그러면서 반박을 하거나 기분 나빠하면 "왜 내가 틀린 말 했어?" 이렇게 나온다. 아무리 선배이고 상급자라고 해도 자기가 하고 싶은 말을 다하면 안 되는 것이다. 언어 선택을 달리해서 상대방이 기분 나쁘지 않게 얼마든지 할 수 있다.

표현 하나하나가 상대방을 무시하는 발언인데, 이것을 지적하면 "나는 할 말은 하는 사람이야"라고 한다. 자랑일까? 특히, 성질 급하고 직설적인 사람과 대화하다 보면 무심코 "그게 아니고!"라는 말로 다른 사람의 표현이나 생각을 부정하는 사람이 있다. 이런 사람들의 특징 중 하나가 자기가 하는 말이 상대를 기분 나쁘게 한다는 것을 모를 수 있다. 자기 생각을 곧이곧대로 말했기 때문에 듣는 사람이 이 말을 듣고 얼마나 마음이 상할지에 대한 고민은 1도 없다.

필자는 등산을 자주 한다. 서울로 직장을 옮기면서 서울·경기권에 있는 많은 산을 올랐다. 어느 산이든 정상에 올라가는 길은 다양하다. 각자의 위치에서 올라가기 편한 곳으로 갈 수도 있고 남들이 흔히 가는 길로 올라갈 수도 있다. 그런데 자기가 있는 위치에서 이 산은 이쪽으로만 올라가야 한다고 말하면 어떨까? 다른 사람의 위치에서도 얼마든지 올라갈 수 있어 그 사람 말도 맞다. 그러니 자기 의견과 다르다고 곧바로 "그게 아니고~" "그게 아니라~" 이런 말은 곤란하다. 이렇게 말하는 것보다 "아, 그쪽으로도 올라갈 수 있구나" 하고 먼저 수긍해 주고

"그런데 나는 이쪽에서만 올라가 봐서 이 길만 있는 줄 알았어!"라고 자기 관점을 말하면 된다. 양쪽을 다 가 본 사람이라면 "아, 그 길은 내가 가 봐서 아는데 ○○○ 때문에 어려울 수 있으니 오늘은 무난한 이 길로 가는 것을 추천합니다"라고 말하는 것은 어떨까?

우울증이 있는 사람들을 분석해 보면, 남한테 싫은 소리도 못하고 자기주장이나 부탁도 잘 못하는 착한 사람이나 내성적인 사람이 많다. 반면에 상급자에게 자기 생각을 강하게 이야기하는 사람이 있고, 하급자의 입장은 생각지 않고 돌직구를 날리는 상사도 있다. 이런 하급자와 상급자는 상대방에 대해 거리낄 것이 없어 "제 생각은 좀 다른데요?" 이렇게 자기 생각이나 반대 견해를 분명하게 말한다. 한마디로 '자기 생각을 여과 없이 말하는 사람이다.'

그 말을 들은 사람은 마음의 상처를 받지만, 말한 당사자는 특별한 이유도 뒤끝도 없다. 중요한 것은 있는 사실을 상대방이 기분 나쁘지 않게 말해야 하는데, 당사자는 "나는 그런 거 할 줄 몰라! 내가 그런 것까지 신경 쓰면서 말해야 돼?" 하고 퉁명스러운 반응으로 상대는 또 다른 상처를 받는다.

이것을 이렇게 표현해 보는 것은 어떨까? 하급자에게 표현한다면 "좋은 말인데, 몇 가지 의문점만 해결하면 될 것 같아." 상급자에게 표현한다면 "말씀 감사합니다만, 저는 좀 다른 생각을 하고 있는데 말씀드려도 될까요?"라는 식으로 이야기하면 상대방도 반대 의견을 기꺼이 수용할 수 있을 것이다.

국회의원(17대)과 보건복지부장관(44대)을 지내고 작가와 정치 평론가로 활동하고 있는 유시민 씨가 자신의 말하는 습관에 대해 늦게 배워 후회한다고 말한 것이 있다. 그는 정치 초년 시절에 주변인들로부터 말투에 대해 많은 지적을 받았는데, 정치를 그만두고 나서 전문가의 코칭을 받은 후에 변화를 주었다고 한다.

첫째, 하려는 말이 옳은 말인가? 하고 싶은 말이 옳으면 할 수 있다는 것이다.

둘째, 꼭 해야 하는 말인가? 옳은 말이기는 하나 지금 해야 할 말인가다.

셋째, 친절한 말인가? 말을 할 거면 친절하게 표현하라는 것이다.

즉, 자신이 하려는 말이 옳은 것이면 필요할 때 친절하게 표현하라는 것이다. 동료들과 대화하다 보면 습관적으로 말투가 기분 나쁜 사람도 있다. 여기서 '기분 나쁘다'는 것은 듣는 사람 입장에서 이야기하는 것으로, 내용은 다 이해하고 따라 줄 수 있는데, 말하는 사람이 상대방을 배려하지 않는 말투 때문에 감정이 상하는 경우다.

필자가 경험한 바로는 이런 사람은 일단 성격이 급하다. 뭔가 생각을 했으면 바로 입을 통해 뱉어내야 하는 스타일로, 상대방에 대한 배려 따위는 아예 없고 자신이 옳다고만 주장한다. "그런 식으로 할 거면 때려치워!" "나는 곧 죽어도 할 말은 하는 사람이야!" "내가 상대방 기분까지 맞추면서 말해야 해?"라고 말하는 등 오로지 자기 관점에서만 대화하므로 표현이나 결론이 늘 극단적이다.

이런 사람들은 본인의 생각과 방식이 옳다고 확신하고 대화하는 게 일반적이다. 하지만, 그런 표현들은 임원급이나 기관장, 외부 인사 등이 참여하는 회의에서 공적으로 발언할 때는 그렇게 말하지 못한다. 자신의 급진적이고 거친 생각을 조리 있게 말하는 것이 훈련되지 않았고, 자신의 감정을 공적인 언어로 순화해서 표현하지 못해 투박하게 나오기 때문에 그런 자리에서는 말하지 않거나 하지 못한다. 결국은 그런 자기표현이 투박하다는 것을 알고 있지만 인정하기 싫어한다.

또한, 이들의 언행을 고치거나 순화하기 위해 그 자리에서 지적하면 절대로 듣지 않는다. 방법은 일정 시간이 지나 직원들이 없는 자리에서, 그분이 믿고 따르거나 신뢰하는 사람이 조리 있게 설명하고 설득하면 화끈하게 들어주기도 한다. 주의할 것은, 문제를 제기하되 사람이 없는 곳에서 자존심을 지켜 주며 진중하게 말하면 수긍하기도 한다. 이들이 양보 없이 서로 충돌하면 해결책이 없으므로 원만한 소통을 위해 상대의 생각과 방식을 들어보고 이해하려는 태도와 노력을 기울여 줄 것을 권한다.

듣는 사람이 명심할 것은 말하는 사람이 상대를 무시해서 그렇게 표현할 수도 있지만, 그보다도 원래 말투가 그런 것일 수도 있으니, 상대의 말투나 습관을 확인해 보는 것도 좋다. 혹시 내가 그렇게 표현하는 사람이라면 하루빨리 태도를 바꾸길 바란다. 그러면 그동안 풀리지 않던 것들이 술술 풀릴 것이다.

이근대 시인의 시집(『너를 만나고 나를 알았다』)에 「그렇게 사는 것이다」란 시가 있다. "귀에 들린다고 생각에 담지 말고, 눈에 보인다고 마음에 담지 마라. 담아서 상처가 되는 것은 흘려 버리고 더러워지는 것은 쳐다보지 마라. 좋은 것만 마음에 가져올 수 없지만, 마음을 아프게 하는 것들은 지워 버려라…." 참 좋은 말이다.

어투(語套)는 '말하는 버릇이나 본새'를 말한다. 직장생활을 오래 한 사람은 그동안의 경험을 살려 직원들과 대화하고, 회의하고, 지시 내릴 때 말 속에 진심으로 녹아 있는 겸손과 배려, 내공이 느껴지는 화법과 긍정적인 언어와 말투가 이미 만들어져 있으면 다행이지만, 그렇지 않다면 지금부터라도 그렇게 말하는 습관을 만들기 바란다.

같은 말이라도 지역에 따라 말투와 의미가 달라지기도 한다. 필자는 대전 출신으로 서울 생활한 지 15년이 지났어도 대화 중에 충청도 사투리가 나와 주변 사람들을 웃게 만든다. 서강대학교에 특강을 갔다가 필자를 초대한 교수와 식당에서 식사를 하는데 필자의 음식에서 100원짜리 동전이 나왔다. 보통 사람이면 짜증을 내거나 화를 내면서 주방장을 부를 것이고, 이를 본 주방장은 미안해서 안절부절못할 수 있다. 여지없이 나를 초대한 교수도 당황하면서 주방장을 불러 야단을 치려고 했다. 그때 필자는 아주 편안한 말투로 "다음에 오면 500원짜리 넣어 주세요"라고 충청도식 여유로움과 상대를 배려하는 화법으로 사람들을 웃게 했다.

또, 서산에서 벼농사를 지으시는 할아버지가 식사 후에 습관처럼 달달한 커피믹스만 드시다가 모처럼 5일장에 가서 동네 어르신들과 다방에 들어가 아메리카노 커피를 처음 마시면서 "하~ 쓰다, 이게 뭔 맛이여? 사약 같어, 사약~ 조선 숙종 때 장희빈이 이거 마시고 죽은 거 아녀~" 하고 역사 사건에 빗대어 커피 맛이 쓰다는 표현을 에둘러 말하면서 사람들을 웃게 했다고 한다. 이것이 기분 나쁘지 않게 하는 충청도식 화법이다.

물을 컵에 담으면 먹는 물이 되고, 설거지통에 담으면 설거지 물이 된다. 또 나무나 식물에 물을 주면 생명수가 되듯 어떤 그릇에 담는지에 따라, 어떻게 활용하는지에 따라 그 용도와 결과가 달라지는 것이다. 우리가 하는 말은 누가 하느냐와 어떻게 하느냐, 어떤 감정으로 하느냐에 따라 결과는 다양하다. 같은 말을 해도 듣는 사람이 퉁명스럽거나 공격적이고 감정적으로 느껴지면 말하는 사람의 의도와는 상관없이 마음이 상하거나 괜한 오해를 할 수도 있다.

대화를 할 때나 강의, 교육 등에서 말하는 사람에게 호감을 느끼거나 신뢰가 가는 것은 좋은 정보를 청중의 언어로, 청중의 관점에서 전달하기 때문이다. 그 반대의 경우는 같은 정보와 같은 상황이라도 전달 기법이나 말투가 좋지 않기 때문이라고 본다.

말투는 가정 환경이나 성장 과정에서 자연스럽게 형성되다 보니 자신의 말투가 사람들에게 어떻게 들리는지 모를 수 있다. 분명한 것은, 본인의 말투에 따라 자신을 살리는 '디딤돌'이 될 수 있고, 자신의 앞길을 가로막는 '걸림돌'이 될 수도 있다는 것을 잊지 않았으면 좋겠다.

지식 축적과 전달 기술을 배워라

전문가들의 말이나 정보를 접하면서 그중 핵심 키워드를 내 것으로 체득하는 것을 지식력(知識力)*이라고 한다. 결국, 지식력을 높이려면 각 분야의 사람들을 만나고 책이나 뉴스를 통해 다양한 정보를 접하면서 사회·문화·경제 등 여러 분야의 콘텐츠가 풍부해야 한다. 우리는 초·중·고등학교 의무 과정과 대학 교육을 통해 꽤 긴 시간 학습하고, 직장과 사회로부터 다양한 정보를 접하고, 사람들과의 대화 속에서 말하는 능력을 축적한다. 그런가 하면 전문 분야에서도 사회·문화적 맥락을 이야기하려면

팩트 체크

* **지식력** : 어떤 대상에 대해 배우거나 연구하거나 실천을 통해 알게 된 명확한 인식이나 이해 능력.

자기 전문 분야 외의 지식을 축적하는 것도 중요하고, 그것을 잘 말하는 것도 중요하다.

또 인터넷에 떠도는 수많은 정보를 가지고 돈을 버는 사람이 있는가 하면, 나쁜 짓으로 활용하는 사람도 있다. 방법은 정보를 잘 분석하고 의미를 부여하면 나만의 지식이 되고, 그 지식을 내면화하면 지혜가 되는데, 소통을 잘하는 사람은 지식과 정보를 잘 만들고 잘 전달하는 능력도 탁월하다. 말할 때도 핵심이 들어가야 하는데, 그러려면 많은 정보를 분석하고 압축해서 상대방이나 청중의 심장을 뛰게 하고, 뇌를 자극할 수 있는 나만의 말하기와 연출력을 갖추는 것도 나의 능력이고 실력이다.

많은 사람이 지식을 쌓기 위해 다양한 교육 과정을 이수하고 그 지식을 전달하기 위해 온·오프라인 강연도 한다. 프리랜서 강사나 초·중·고 교사, 대학교수 등이 지식은 많이 쌓았는데 정작 지식을 효율적으로 전달하기 위한 기술은 배우지 않고 사람들 앞에 선다. 오프닝은 어떻게 하고, 청중과 친해지려면 어떻게 해야 하는지, 무엇을 준비해야 할지를 생각하지 않고 남의 교수법을 따라서 하거나 평소 자신의 행동 패턴으로 한다. 다른 사람의 흉내를 내보지만 효과는 없다. 내게 익숙하지도 않기 때문이다.

전문 강사처럼 하려니 쑥스럽기도 하고, 별도로 배우자니 용기가 나지 않는다. 그러면서 강연 때마다 서두에 "제가 원래 강연을 잘 못합니다. 내용도 딱딱해서 재미가 없지만, 정해진 시간 안에 끝내 드리겠습니다"라고 말한다. 이것은 "내 강의는 재미없으니 듣든지 말든지 알아서 하세요"와 같은 말이다. 이렇게 시작하면 청중이 기대하지도 경청하지도 않겠지만, 강사 역시 강연을 열심히 할 만큼 간절함도 없고 강의 스킬도 없으니 에너지가 있을 수 없다.

필자가 두 기관에 근무하면서 외부 세미나 또는 심포지엄에 강연하러 온 관료 출신 대학교수를 보면, 오랜 관료 생활에서 몸에 밴 공직자의 모습이 자연스러운데 마치 교수 생활을 오래한 것처럼 흉내 내는 경우 눈살을 찌푸리게 된다. 나만의 콘텐츠를 만들고 그것을 전달하는 것도 중요하지만, 그것을 제대로 전달할 수 있는 스피치 스킬을 연마하는 것은 필수가 됐다. 이제는 두려울 것도 쪽팔릴 것도 없다. 오히려 늦으면 늦을수록 손해라고 생각하길 바란다.

필자가 보건복지부 산하 한국보건복지인재원에서 '강사자격 인증' 교육 과정에 참가해 강의 시연을 준비하고 있을 때였다. 함께 참가한 한 분이 "이런 기회가 올 줄 알았으면 스피치나 강의 스킬을 진즉에 배워 두었을 텐데…" 하고 후회하는 듯한 말을 했다. 이렇듯 미래의 일은 알 수 없지만 한 살이라도 젊었을 때 내가 즐기면서 할 수 있는 것들을 익히거나 자격을 취득하기 바란다. 특히, 말하는 스킬을 배워 두면 언제, 어디서, 어떤 형식으로라도 쓰일 일이 생기니 지금이라도 도전하기 바란다.

직장인들이 교육이나 회의에 참여할 때 업무와 관련 없거나 관심 없는 주제라면 집중해서 듣기 어렵고 대화에 참여하기도 쉽지 않다. 아는 것이 없어서 할 말이 없기도 하고, 내가 좋아하지 않는 분야라면 더욱 관심이 없다. 그래서 강사는 중간중간에 질문하고 퀴즈도 내고 선물도 주면서 주위를 환기시키거나 집중도를 높이기 위해 노력한다. 듣는 것뿐만 아니라 말하는 것도 마찬가지다. 자기 관심사가 아니면 강의는 물론 대화에서도 어려움을 겪는 사람이 있다. 좋아하지 않는 주제라고 솔직하게 말하면 괜히 어색해서 눈만 껌벅이고 있으니 곧바로 졸음이 찾아온다. 기관 차원에서 시행하는 개인별 교육 이수 시간을 채우기 위해 의무적으로 앉아 있을 뿐, 자신의 역할도 목적도 없으니 소극적일 수밖에 없다. 그러니 질문할 것도 없고, 미리 자리를 뜨거나 강의가 끝남과 동시에 자리를 박차고 나온다.

보의(연)에서 외부 강사를 초청해 특강을 들을 때의 일이다. 교육이 끝나고 강사 평가표를 보니 한 교육생의 경우 평가점수도 낮고 교육생 의견란에 "이 정도 강의는 우리 엄마가 해도 이 강사보다 잘하겠네요"라고 쓰여 있었다. 이런 평가를 받은 강사도 문제지만, 그렇게 평가한 교육생도 질문 한 번 하지 않고 교육 시간 내내 딴짓을 하던 직원이었다. 내용도 잘 모르고 흥미도 없어 강의 시간이 지루했던 것 같다.

말하기 좋아하는 사람 중에 유행하는 영화나 드라마, 방송 프로그램을 챙겨 보는 이들이 있다. 그래야 대화에 참여할 수 있고, 내 생각을 표현할 수 있기 때문이다. 말하는 사람이 좋으면 주제를 몰라도, 내가 관심 없는 것이라도 관심을 갖게 된다.

유명 연예인이나 정치인, 교수 등이 자신만의 콘텐츠로 명성을 얻거나 신뢰를 쌓아 인기가 많은 사람이 우리 기관에 특강을 왔다고 가정해 보자. 그 사람을 직접 보는 것만으로도 관심도가 높아지면서 사진도 찍고 싶고, 궁금한 것도 생긴다. 그 이유는 그 사람을 신뢰하는 것도 있고, 평소 그 사람에 대해 긍정적으로 생각했기 때문에 궁금증과 동시에 존경심이 생겨 그의 말을 집중해서 듣게 된다. 혹시, 강의 내용이 어려우면 사람에 관심을 가지고 지식력을 높이는 계기를 만들기 바란다. 거기에서부터 대화와 소통이 시작된다.

잘 말하는 능력이 나의 가치를 높인다

필자는 생명(연)에 근무하던 2006년부터 인천광역시 서구에 있는 국립환경인재개발원에서 정부와 지방자치단체 공무원을 대상으로 8년간 '파워스피치'에 대해 강의했다. 보의(연)으로 이직한 후 2010년부터는 서울 중심권에 있는 대한스피치리더십센터와 성공시대스피치센터에서 약 8년 동안 대학생과 일반인, 직장인을 대상으로 스피치와 프레젠테이션 강의를 했다.

코로나를 겪으면서 잠시 공백기간이 있었으나 개인 코칭을 이어갔고, 2019년부터는 숨고(숨은 고수)에서 스피치 지도와 면접 코칭, 강의와 프레젠테이션 컨설팅을 하고 있다. 2024년 2월부터는 건국대학교 서울캠퍼스 미래지식교육원에서 '스피치&리더십 코칭과정' 특강과 계절 학기 강의를 하고 있으며, 책을 출간한 저자나 초보 강사, 예비 강사 등에게 강의 기획과 강의 자료 작성, 강의 스킬 전수와 컨설팅을 하고 있다.

학원을 찾거나 필자에게 스피치를 배우려는 사람들의 유형을 보면 발표 불안과 자신감 결여, 발표 울렁증 등 사람들 앞에서 말해야 하는데 다양한 이유로 시도하지 못하거나 실패한 경험이 있는 사람들이다. 이들은 대부분 소심한 성격으로 사람들 앞에서 말해야 할 때마다 다른 사람한테 미루거나 피했던 사람이고, 지금도 그런 기회가 오면 미루기 바쁘다.

직장에서 연차가 쌓이고 승진도 하면서 일정 직급에 올라가면 자기 생각이나 조직의 방침을 사람들 앞에서 말할 기회가 자주 있는데, 그때마다 피하고 미루는 것은 결코 자신에게 도움이 되지 않는다. 출장이나 개인 사정으로 휴가를 갈 경우, 잠깐 또는 한두 번은 부하 직원이나 동료가 대신 할 수 있지만, 계속해서 미룰 수는 없다. 언제가 될지 모르는 내 인생 최대의 중요한 시점이나 절호의 기회에 반드시 내가 발표하기 위해서라도 준비해야 한다. 그때 가서 "어쩌지? 준비해야 하는데, 잘해야 하는데!" 하고 호들갑을 떨어 봐야 때는 늦었다.

이미 주사위가 던져졌다면 이 상황에서 후회하는 일이 없길 바란다. '잘 말하는 기술'이 나의 가치를 높이고 나의 미래를 결정한다고 생각하면 이제 피할 수 없는 숙명(宿命)이니 꼭 한 번 전문기관이나 전문가를 찾아가서 배워 볼 것을 권한다.

품위 있는 자기표현

필자가 어느 모임에서 자기소개를 할 기회가 있었다. 참석자는 대부분 강사들로 필자뿐 아니라 모두에게 주어진 기회이고 대부분 말도 잘했다. 어떤 분은 그 시간에 미니 강의 형태로 자신을 소개했다. 자기소개의 목적은 언제 어느 곳에서나 내가 누구인지를 알리는 것이 주목적인데, 자기소개를 끝냈을 때 '저 사람이 어떤 일을 하고 어떤 목적으로 이 모임에 왔는지'를 전혀 알 수 없는 사람도 많다.

자신을 소개하기 위해서는 이름과 어디에서 왔는지, 어떤 일을 하는지, 그리고 취미나 특기 등 청중이 궁금해할 내용을 말하면 된다.

"안녕하세요.(인사) 저는 대전에서 왔구요. 아내와 딸 둘, 이렇게 네 식구가 살고 있습니다. 현재 ○○○연구원에서 ○○○와 관련된 일을 하고 있습니다. 오늘 이렇게 좋은 날 멋진 분들을 만나서 반갑고 기대가 큽니다. 함께하는 동안 좋은 추억 많이 만드시고, 즐겁고 행복한 시간 보내시기 바랍니다. 감사합니다."

약 30초 분량의 인사말이다. 조금 어색하고 서툴 수 있지만, 오히려 자기소개는 담백하고 깔끔하게 하는 것이 더 효과적이다.

말을 유창하게 하는 것보다 상황과 목적에 맞게 하는 것이 더 중요하다. 자신을 위한 스피치가 아닌 상대방이나 청중을 위하고 그들이 듣고 싶은 이야기를 해야 한다. 즉, "내가 말한다고 다 말이 아니다. 내가 한 말을 상대방이 이해하고 수용할 때 비로소 말이다."

직장생활에서도 필요하지만, 밖에서 다양한 사람과 만날 때 '자신을 정확하게 알리는 말'을 사전에 연습하고 실전에서는 준비되지 않은 것 같으면서도 멋지게 하면 사람들에게 각인된다.

유명 연예인이나 관련 분야에서 이름이 알려진 사람을 소개할 때 자세한 이력을 생략하기도 하는데, 이것은 누구나 알고 있는 유명 인사이기 때문에 가능하다. 전문 분야 세미나와 포럼, 학회 등에서 연사를 소개할 때 해당 분야의 전문가임을 설명하기 위해 의도적으로 자세하게 소개할 수도 있다.

그런가 하면 출연자가 공개되지 않았다면 분위기 반전을 위해 연사의 이름을 말하지 않고 먼저 그 사람의 특징과 장점, 에피소드 등을 부각시켜 청중들의 궁금증을 불러일으킨 후 그 사람의 이름을 소개하는 방식도 있다. 연사 소개와 인사를 생략하면 '저 사람은 누구지?' 하고 궁금해할 텐데, 발표자(스피커)는 청중의 궁금증을 방치해서는 안 된다. 특히, 전문 분야 발표나 설명을 위한 공청회, 심포지엄 등에서는 구체적으로 나열하는 게 좋다. 그래야 발표 내용에 대해 청중이 신뢰하게 된다.

소개해 주는 사람이 없어 연사가 직접 하는 자기소개는 가급적 짧은 게 좋다. 청중이 발표자에 대한 사전 이해가 없다면 잘난 척하는 것처럼 느껴지지 않도록 객관적인 내용 중심으로 간단하게 자기소개를 하되 발표 내용에 대해 전문성이 있음을 표현하면 된다. 청중은 스피커의 자격이나 경력이 궁금한 것이 아니고, 발표 내용에 관심이 있기 때문이다.

하지만, 사회자(좌장)가 발표자를 소개하는 경우라면 청중이 발표자를 신뢰할 수 있는 사항까지 소개해도 무방하다. 그래서 일반적으로 사회자나 좌장이 있는 경우 발표 주제와 관련된 발표자의 현재 소속과 전문성, 권위, 경험 등을 담은 프로필을 사전에 사회자(좌장)에게 전달한다. 이렇게 사전조치가 이뤄지면 발표자는 간단하게 "안녕하세요. 방금 소개받은 OOO입니다." 이 정도의 짧은 인사만 하고 시작하면 된다. 다만, 기관이나 부서를 대표하는 상황이라면 "안녕하십니까? OOO연구원 전략기획실 OOO입니다"와 같이 기관명과 소속 부서, 이름을 함께 소개한다.

또, 모르는 사람과 만나서 대화하거나 회의할 때 첫인상은 매우 중요하다. 취업 면접이나 모임 등에 나갈 때 효과적인 자기소개는 매우 중요한 첫 이미지라고 할 수 있는데, 확실한 자기소개법을 정리했으니 잘 활용하기 바란다.

첫째, 미소를 지어라. 일단 사람들 앞에서 자신을 소개할 때는 바로 말하지 말고 청중을 향해 심호흡 한 번 하고 가볍게 미소를 지어라. 좋은 이미지를 주기 위한 가장 중요하면서도 쉬운 요소는 역시 미소다.

둘째, 청중을 스캔하라. 청중에는 어떤 사람이 있는지, 청중이 내 말을 들을 준비가 됐는지 확인하는 차원에서 1~2초 정도 좌우를 살펴보라. 청중과 눈을 맞추지 않고 먼 곳을 보거나 눈을 감고 미소를 지을 수는 없다. 특정 청중의 위아래를 훑어보는 것은 불쾌감을 줄 수 있으니 주의해야 한다. 이 과정에서 눈이 마주치는 사람이 있다면 눈웃음이나 미소로 상대방을 온전히 맞아들여라. 그러면 마음의 안정을 찾을 수 있고, 그 사람을 보면서 시작하면 편안하다. 긴장감으로 청중과 눈 마주치는 것이 부담스럽다면 아는 사람을 청중과 함께 앉게 해서 그 사람과 눈맞춤을 하면 편하게 시작할 수 있다. 단, 첫 번째와 두 번째 동작은 거의 동시에 이루어진다.

셋째, 강력한 인상이 남도록 자신을 소개하라. "아! 그렇지. 그 사람이었군" 하고 기억에 남도록 소개하는 것이다. 남과 비슷하거나 차별화되지 않는 자기소개는 기억하지 못한다. 본인 이름을 이행시나 삼행시로 풀어가는 방법이 있고, 자기 이름에 얽힌 이야기 등 청중에게 가벼운 유머적인 요소를 제공하는 것도 좋다. 차별화된 자기소개법은 자신에 대한 긍정적인 이미지를 주는 데도 한몫한다. 예를 들면 "녹슬어 버려지는 것보다 닳아서 없어지고 싶은 남자 OOO입니다." "장미의 계절 5월입니다. 장미 같은 여자 OOO입니다." "외모에 비해 가슴이 따뜻한 남자 OOO입니다" 등 자기만의 특징을 강조하는 자기소개는 확실히 각인된다.

또 신경 써야 할 것 중 하나가, 자기소개하는 사람들의 모습을 살펴보면 대부분 "안녕하세요! OOO입니다"라는 말과 함께 고개를 숙여 인사한다. "안녕하세요!"라는 말과 고개를 숙이는 자세가 어떻게 나오는지 보라. 대부분 고개를 숙이며 인사하는 언행일치(言行一致, 말과 행동이 하나로 들어맞음)가 많다. '언행일치' 정말 중요하지만, 인사할 때만큼은 언행일치하지 않기를 바란다. 인사와 동시에 허리를 굽히는 자세가 이루어졌을 때 잠시 멈춰 보라. 인사할 때 어디를 보고 말하는지. 바닥을 보고 말하고 있을 것이다.

마이크를 들고 인사할 때도 말하면서 인사하는 경우가 대부분이다. 적어도 내 이름과 멋진 나를 각인시킬 수 있는 이미지를 위해서는 청중에게 내 얼굴이 보이는 상태에서 인사말을 하는 것이 효과적이다. 고개를 숙이는(목례) 자세를 먼저 하고 난 후(몸을 일으키고) 인사말을 하거나, 인사말(안녕하세요, 반갑습니다, OOO입니다)을 하고 허리 굽혀 인사하는 게 좋다. 어떤 방법이든 언행일치만 피하면 좋겠다.

하지만, 인사하면 청중은 자동으로 박수를 친다. 이 박수 타이밍을 고려하면 후자가 더 자연스럽다. 자신을 각인시키기 위해서는 인사하기 전에 자기 특징을 간단히 소개하거나 각오, 의지 등을 덧붙이는 것이 좋다. 이것을 쑥스러워하거나 어색해서 생략하는 경우가 있는데, 다음 예시를 잘 활용해 보기 바란다.

예시 1 "안녕하세요. 독자에서 저자로, 책 쓴 남자(여자)
OOO입니다."(인사)

예시 2 "안녕하세요. 녹슬어 버려지는 것보다 닳아서
없어지고 싶은 남자 OOO입니다."(인사)

예시 3 "안녕하세요. 기획실 꽃미남(예쁜이, 미스코리아)
OOO입니다."(인사)

※ 이 예시를 기본으로 각자 개성 있는 인사말을 개발해서 사용하기 바란다.

나 지금 떨고 있니?

직장생활 하다 보면 직원들 앞에서나 중요한 회의에서 발표
(보고)할 기회가 있다. 처음부터 발표해야 하는 상황도 있지만,
팀장 또는 상급자가 갑작스러운 출장이나 회의, 휴가 등으로 팀
원 중 선임자인 내가 발표해야 하는 경우가 종종 발생한다. 전
자는 내가 처음부터 준비하고 발표하니까 별문제 없이 진행하지
만, 후자는 전혀 생각도 준비도 하지 않았는데 덤터기를 쓰는 경
우로 난감한 일이다. 안 그래도 부담스러운데 후자의 경우는 내
가 작성한 것도 아니고 내용 숙지도 안 되어 갑자기 어떤 말을
해야 할지 긴장감은 더 높아진다.

하지만, 선임자라면 팀장이 발표할 내용을 사전에 협의하거나 회
의를 통해 알 수도 있고, 내가 발표하는 상황이라고 가정해서 팀장
의 발표 자료 작성을 도와 주거나 주도적으로 작성해서 팀장에게
넘겨 주는 상황이면 이와 같은 불가피한 상황에서도 얼마든지

발표할 수 있다. 문제는 내용이 아니라 발표에 대한 자신감 부족이나 발표 불안이다.

이런 경우도 있지만 기관장이나 외부 인사, 전 직원이 참여하는 중요한 자리에서 업무 보고를 하거나 심사받는 상황이라면 더 긴장될 것이다. 준비하면서도 긴장되지만, 발표 시간이 가까워질수록 심장 박동은 빨라진다. 이럴 때 화장실에 가서 몸도 가볍게 하고 편안한 마음으로 거울을 바라보면, 발표를 앞두고 두려워하는 한 사람이 보일 것이다. "발표를 잘 못하면 어떡하지?" 하고 두려움에 떨고 있는 그 사람에게 이렇게 말해 줘라. "잘하지 않아도 돼! 있는 그대로, 준비한 대로 하는 거야!"라고.

우여곡절 끝에 발표하는 동안 긴장감이 가시지 않아 자신이 긴장하고 있음을 인지할 정도로 심장은 쿵쾅쿵쾅 뛰고 손과 발, 몸을 떤다. 그러면서 이런 모습을 감추기 위해 태연한 척하지만, 얼굴과 목 뒤에서는 연신 땀이 흐르고 입은 바짝바짝 마른다. 어떤 말을 했는지, 어떻게 마무리했는지 기억이 나지 않을 정도로 긴장하며 발표를 마치고 "망했다!" 하며 자리로 돌아온다. 이런 긴장한 모습을 사람들이 당연히 알고 있을 것으로 생각하지만, 그들에게 물어보면 "아니야! 잘했어, 긴장하는 거 전혀 몰랐는데!"라고 대답한다. 손과 목 뒤에서 연신 땀이 흐르고 입이 마를 정도로 긴장했는데, 왜 사람들은 몰랐을까?

심리학에 투명성의 착각(illusion of transparency)*이라는 용어가 있다. 사람들은 자기 생각이나 심리상태를 남들도 잘 알고 있을 거라고 착각하는 경향이 있다고 한다. 발표나 말을 할 때 머리에서 생각하는 것과 긴장한 손과 몸, 빨라진 심장 박동, 머리 뒤쪽에서 흐르는 땀, 떨리는 목소리, 그 외 어색한 표정이나 몸짓 등은 나 스스로 알 수 있는 것들이지만, 청중은 나를 알 수 없다. 발표를 앞두고 있다면 나의 심리상태나 몸상태를 사람들은 전혀 알지 못하니 걱정할 것 없다. 그냥 준비한 대로, 연습한 대로, 평소 하던 대로 하면 되니 조금 떨리는 것에 신경 쓰지 않길 바란다.

그런가 하면 청중은 내가 생각하는 만큼 집중하지 않는다. 참석자 상당수는 딴생각을 하거나 다른 업무를 하기도 하고, 졸거나 대놓고 자는 사람도 있다. 필자 역시 남들이 말할 때나 발표할 때나 회의 시간에 늘 100% 집중한 것은 아니었다. 딴생각을 하기도 하고 다른 업무 관련 자료를 가져가서 보거나 휴대폰 문자메시지로 누군가와 대화를 한 적도 있다. 결국, 공식·비공식 자리에서 남의 이야기에 집중하기는 쉬운 일이 아니다. 냉정하게 말하면, 내 앞에 앉아 있는 사람들은 생각보다 내 말에 큰 관심이 없는 사람들일 수도 있다.

그러니 이제부터 사람들 앞에서 발표나 보고, 강의할 때 편하게

팩트 체크

* **투명성의 착각** : 1998년 Savitsky와 Gilovich가 주장한 이론이다. 인지 편향으로 상대방이 자신의 생각, 기분, 감정 등 자신의 내면을 실제보다 더 분명히 이해하고 있다고 믿는 현상(The Psychology Times).

시작하기 바란다. 어차피 모든 청중이 나의 떨림을 정확히 알아볼 수 있는 것도 아니고, 모든 청중이 내가 말하는 동안 집중하기는 어려우니 굳이 신경 쓸 필요 없다. 내가 발표하는 것을 누군가가 평가하고 결과에 따라 합격과 불합격, 이익과 불이익을 결정짓는 것도 마찬가지다. 내가 떨고 있는 것을 누군가가 알아차렸다고 해서 그 사람이 나의 긴장 상태를 해결해 주지는 못한다.

한 교육생이 "스피치에 입문한 지 1년이 넘었는데 아직도 말하기 전에 너무 긴장되고 떨려요. 어떻게 하면 좋을까요?"라고 질문했다. 필자는 그가 구체적으로 어떤 상황에서 떨리는지 점검해 보았다.

① 앞에 있는 사람이 부담스러운 직장 내 상급자이거나 모르는 사람인가?
② 청중이 많을 때인가?
③ 내용 정리가 되지 않았을 때인가?
④ 연습이 안 된 것인가?
⑤ 발표 불안(트라우마)이 있는가?

그러면 이런 긴장된 상황을 어떻게 극복해야 할까? 대부분 앞에서 언급한 내용 중 어느 하나 때문이 아니라, 하나 이상의 복합적 상황일 때 긴장감이 높아진다. 그래서 필자는 현장 상황을 자주 겪어 보는 게 좋고, 반복해서 연습하라고 했다. 그러자 교육생은 "몇 번 하면 긴장감이 없어질까요?" 하고 다시 물었다. 필자는 "긴장감은 없어지지 않습니다. 그 상황을 조절할 수 있을 뿐입니다. 몇 번이 중요한 것이 아니고 몸이 기억할 만큼 반복하세요. 아무리 긴장해도 몸이 기억하면 시작과 동시에 몸이 알아서 연습한 대로 하고, 어느 순간 마무리하고 있는 자신을 발견할 것입니다"라고 대답했다. 이렇게 몸이 기억할 만큼 실전 연습을 하면 잘하게 된다.

사람에 따라서 ⑤번의 이유로 긴장하는 사람이 있다. 일종의 트라우마로, 발표 관련해서 크게 실수한 경험이 있어 비슷한 상황만 되면 그때 기억이 떠올라 긴장감이 밀려오고 그런 상황 자체를 피하거나 미뤄 왔기 때문이다. 그러니 공식적인 말을 하거나 업무 보고 등을 할 때 갑자기 안 좋았던 기억이 불쑥 튀어나오는 거다. 이런 사람들은 말을 통해 상처를 회복해야 하는데, 대부분 직장인은 일정 직급에 올라가기 전에는 대중 앞에서 말할 기회가 많지도 않고, 트라우마가 있는 사람은 그런 상황이 되면 그저 피하기만 할 뿐이다. 이럴 땐 자신의 말하는 모습을 스마트폰으로 찍어 보면 내가 어디서 무엇을 잘하고 무엇을 잘못하는지 금방 알 수 있다. 그러면서 잘하는 부분은 유지하고, 안 되는 부분을 고쳐서 다시 연습하면 성취 경험이 생겨 자신감이 생길 수 있다. 또 ④번과 같이 '연습이 됐는지 안 됐는지'는 자신이 가장 잘 알고 있다. 그래서 부족하다는 느낌이 들면 바로 긴장하게 된다. 이것은 세상 누구보다도 자신이 제일 잘 안다.

직장에서 중요한 발표나 교육(강연)이 예정돼 있으면 그 장소에 가서 연습해 보는 것만큼 좋은 방법은 없다. 결과를 예측하면서 상황을 익숙하게 만들어 보는 것인데, 현장 연습을 할 수 없다면 비슷한 장소나 동료, 가족 앞에서 리허설을 해 보면 좋다. 음악회나 오페라, 연극 등 음악이 들어가는 프로그램은 행사 2~3시간 전에 리허설을 하지만, 그렇게 수없이 무대에 오르고 현장 경험이 많은 연예인도 실전에 들어가면 또 떨린다고 한다. 그때부터는 연습량이 좌우한다. 몸이 반응하면서 공연을 무사히 마치는 것이다.

사전 리허설이 어렵다면 발표장 맨 뒷자리에서 전체 분위기를 보고 자신의 발표 모습을 연상해 보는 것도 좋다. 그러면서 볼이나 입술, 성문(聲門, 입 안쪽에 있는 발성 장치) 등을 풀어 주면 긴장감을 어느 정도 완화할 수 있다. 준비 과정에서 '잘해야 하는데, 실수하면 안 되는데!'처럼 결과에만 너무 집착하면 긴장감이 상승할 수 있으니 준비하는 과정 자체를 즐기면 좋겠다.

코로나 사피엔스(Corona Sapiens)와 말하기

코로나19로 3년여 간 사람들과 거리를 두고 생활하면서 대면 회의나 심포지엄, 교육 등을 화상으로 대체하고, 정부의 '집단 모임 금지 조치'로 예식을 취소하거나 소규모로 진행하고 연기하기도 했다. 또 가족이나 지인의 문상도 어려운 상황이었다.

그러다 보니 새로운 소비 경향을 지칭하는 언택트(Untact)라는 용어가 정착되면서 사람들과의 대화 시간이 짧아지거나 아예 단절되고, 카카오톡이나 문자메시지로 안부를 확인했다. 기관 행사도 참여 제한이나 부서별로 순차 참석하고, 참석하더라도 마스크를 쓰고 있어 얼굴을 제대로 볼 수 없었다. 직원들과도 내부 메신저로 소통하는 게 익숙하다 보니 대화 시간이 현저히 줄면서 정작 필요할 때 말하지 못하거나 긴장한 나머지 대충 마무리하곤 했다. 방송 매체와 SNS의 발달로 드라마나 게임, 유튜브를 보면서 따라하기만 하고, 생각은 많아지는데 사람들 앞에만 서면 말문이 턱 막혀 버린다.

그래서 누군가를 의식하지 않고 사람들 앞이나 카메라 앞에서 내 생각을 표현하고 싶다면 말하는 훈련이 필요하다. 이것은 문명이 아무리 발달하고 4차, 5차 산업혁명이 도래하거나 과학이 발전해도 바꿀 수 없는 진리다. 그것을 알고 있지만 실천하지 못하는 것이 안타깝다. 과학의 발달로 말하지 않고 기계의 힘을 빌려 대화가 된다면 사람의 입은 먹는 데만 활용될 수 있게 퇴화할지도 모른다.

우리나라에도 2019년 '프로당구협회'가 출범하고 다양한 대회가 열리자 국내외 많은 당구인이 참여하면서 전 세계 당구 발전을 선도하고 있다. 당구는 말로 하는 게임이 아니고 오로지 자신의 판단과 행동으로 하는 스포츠다. 특히, 코로나19가 한창일 때는 마스크를 쓰고 경기하면서 선수들의 표정을 읽기가 어려웠다. 대부분 스포츠가 그렇지만, 친구들과 동네 클럽에서 당구 칠 때 농담도 하고 큰 소리로 환호성을 지르기도 한다.

그런데 최근 국내 당구전문 TV 채널(PBA)에서 승리한 선수에게 진행자가 우승 소감을 말해 달라고 하자, 당황하며 얼굴만 붉히다 대충 얼버무리고는 "게임하는 것보다 소감 말하기가 더 어렵습니다"라고 했다.

반면, 강호동(방송인, 천하장사) 씨는 스무 살에 천하장사가 되면 말할 우승 소감을 사전에 준비하고 연습까지 했다고 한다. 그때부터 지금의 그가 만들어진 것이다. 박지성 선수는 고등학교 때부터 축구를 잘해 유럽 무대에서 뛰고 싶다는 말을 많이 했고, 현지에서 사용할 영어 공부(말하기)를 꾸준히 했다고 한다.

당구뿐 아니라 야구, 축구, 농구 경기에서 골을 넣거나 승리의 주역을 인터뷰하는 것은 일상이 됐지만, 선수들은 말하기를 두려워한다. 말보다 몸을 쓰는 운동선수들이니 당연히 그럴 수 있다고 하지만, 그들도 말하는 기술을 갖춰야 하는 시대에 우리는 살고 있다.

일반 직장인들 역시 실무자 간 대화나 회의는 자연스럽게 하지만 그 결과를 공식적인 자리나 상급자, 기관장에게 보고하는 건 다들 피하려 하고, 어쩔 수 없이 하게 되더라도 힘들어하기는 마찬가지다. 그러면서도 이를 해결하기 위해 전문기관을 찾아가 배우려고 노력하는 사람은 많지 않다.

우리는 자기 삶의 영역을 확장하기 위해 다양한 공부를 한다. 수영을 배우면 물에 대한 공포가 없어지면서 저수지든 강이든 바다든 뛰어들게 된다. 수영을 배우기 전에는 상상할 수 없는 일들을 경험할 수 있다. 좋아하는 운동을 배우고 나면 이전에 만났던 사람들과는 전혀 다른 사람들과의 소통 공간이 생기고 건강도 더 좋아진다. 또, 운전을 배우면 원하는 곳에 언제든 자유롭게 이동할 수 있다.

'말'을 배우면 어떤 장소, 어떤 상황, 누구를 만나든 본인이 하고 싶은 말을 조리있게 하면서 사람들로부터 인정받고 자존감도 이전과는 비교할 수 없을 만큼 올라간다.

메르스와 코로나 같은 감염병 유행 시대를 경험하면서 이제는 익숙한 과거로 돌아가는 것을 기대하기보다 새로운 환경에 적응하는 훈련이 필요하다. 화상회의와 재택근무가 일상화되면서 자기 얼굴이 화면에 보이는 것을 부담스러워하거나 어색하다고 예전 방식을 고집하는 것은 옳지 않다. 삶의 중요한 순간일수록 말하지 못하고 그 순간을 피하기만 한다면 그 결과나 성과를 포기하는 거나 다름없다.

필자는 IMF 사태와 미국발 금융 위기를 겪으면서 미래를 준비하고 스스로 성장하기 위한 강점을 개발해야 살아남을 수 있다는 것을 뼈저리게 느낀 세대다. 어떤 상황이 닥쳐도 세상과 맞설 수 있는 차별화된 역량이 필요한 시대에 살고 있으니, 자신의 소질이나 흥미에 초점을 맞춰 말하기 능력을 강화한다면 언젠가 중요한 상황에서 요긴하게 활용될 수 있을 것이다. 이것은 역할의 확장과 함께 소속 직장의 성과 창출에도 기여하게 되므로 몸으로 익히고 관리하는 것이 필요하고 경력 관리를 위해서도 꼭 필요하다.

전문가들은 코로나와 같은 감염병은 영원히 종식되지 않을 것이고, 바이러스와 함께 살아가야 할 것이라고 한다. 코로나 시대를 함께 겪은 코로나 사피엔스(Corona Sapiens)로서 변화된 환경에서 살아남아 사람들에게 내 생각을 제대로 표현할 수 있을 때 세상이 아름답다는 것을 느낄 수 있을 것이다. 아무리 멋진 세상이 와도 내가 있는 곳에서 그 느낌을 표현하지 못한다면 아무 의미가 없다. 느슨해지는 순간 기회는 날아간다. 기회만 날아가는 것이 아니라 기쁨과 희망, 행복도 함께 날아간다는 것을 잊지 말자.

잘 말하는 기술, 이제는 기본

필자가 직장에서 관리자로 근무한 21년여 동안 매주 팀 회의와 부서 회의, 격주로 열리는 운영회의, 월례 조회, 이사회, 노사협의회, 그 외 각종 회의 등 참석 규모나 내용과 관계없이 사람 앞에서 말하기는 늘 부담이었다. 특히 필자가 근무한 두 곳은 연구기관이어서 개인 업무와 관련된 것은 대부분 말을 잘한다. 하지만, 업무와 관련이 있을 수도 있고 없을 수도 있는 공식·비공식적 자리에서의 자기소개와 소감, 각오 등 사적인 말은 꺼리는 편이다. 못해서가 아니라 해 보지 않았기 때문이다. 그것이 반복되다 보니 자기소개는 늘 어색한 것이다.

직장에서 공식적인 발표나 보고는 대체로 딱딱하고 무겁다. 그래서 자신의 스피치 스타일을 바꾸고 싶어 필자에게 문의하곤 하는데, 아래와 같이 팁을 주고 있으니, 참고해서 활용하기 바란다.

첫째, 업무와 관련된 발표(보고)는 간단한 인사와 자기소개, 시작과 끝을 명확히 하라.

둘째, 이야기의 핵심은 강조 톤으로, 단순히 정보를 전달할 때는 설명식으로 하면 된다.

셋째, 사례를 소개하거나 다른 사례와 나의 제안을 비교할 때는 말의 완급을 조절하는데 강조와 설명, 비교, 묘사 등 상황별로 억양 변화를 주면 듣는 사람이 지루해하지 않는다. 할 수 있다면 중간에 질문으로 분위기를 환기하면 효과가 좋다.

넷째, 멈춤(pause)이나 제스처, 몸짓 언어 등 비언어적 표현은 전달력을 높일 수 있으니 적절히 사용하라.

잘 말하는 사람과 그렇지 않은 사람의 차이 중 결정적인 것은 몸의 움직임이다. 잘 말하지 못하는 사람은 긴장하면서 입으로만 표현하는데, 잘 말하는 사람은 몸 전체와 얼굴 근육, 눈동자, 손과 몸을 자연스럽게 활용한다. 여유가 있다면 몸의 움직임과 제스처, 멈춤, 얼굴 표현, 시선 처리 등의 변화를 주면 더 효과적으로 말할 수 있고 전달력도 높일 수 있다.

사회나 직장에서 소통의 중요성이 강조되고 여러 활동을 하면서 자기 생각을 말하거나 정보 전달 스킬을 다양한 경로를 통해 배운다. 그런가 하면, 남들 앞에서 말하기를 꺼리는 사람은 말할 기회가 와도 위축되어 제대로 표현하지 못하는 자신을 탓하거나 진작 배우지 않았음을 후회한다. 실무자 때 교육이나 세미나, 포럼 등에서 질문을 해 보지 않은 사람은 고참이나 관리자가 돼도 질문하지 못한다. 사람들의 시선이 따갑고, 긴장돼서 못하고, 그것이 몸에 익숙해져 사람들 앞에서 질문하지 못하는 것이다. 그러다 보면 조직에서 성장할 기회가 와도 내 것으로 만들지 못하거나 더 좋은 기회마저 놓칠 수 있다.

　　요즘 MBC(복면가왕), MBN(현역가왕), TV조선(미스트롯), JTBC(싱어게인) 등 오디션 프로그램이 인기다. 여기에 출전하는 가수들은 경력이 많은데도 심사위원 앞에서 말을 제대로 하지 못한다. 반면에, 그들을 평가하는 심사위원들은 화려한 언변으로 가수들을 울리거나 웃기기도 한다. 이들의 화려한 언변은 배우고 훈련한 결과일까? 타고난 말재주꾼이더라도 말을 전문으로 하기 위해서는 반드시 배움이 필요하다. 운동선수로 은퇴한 사람이 어느 날 본인이 하던 경기 해설자로 나오는 경우가 있는데, 분명 관련 전문가에게 개인 교습을 받았을 것이다. 이름만 대면 알 수 있는 유명 강사도 필자가 아는 스피치학원 원장의 특훈을 받아 지금의 위치에 있게 되었다고 한다.

　　사람들 앞에서 말하기를 두려워한다는 것은 잘하려는 마음이 앞선 것이고, '혹시 실수하지 않을까' 하는 과도한 불안 심리가 깔려 있기 때문이다. 하지만 지금까지 연단에서 말하다가 긴장해서 쓰러져 죽었다는 사례를 들어본 적이 없다. 강연이나 발표를 11m* 공중에서 하는 것도 아니고 비행기에 매달려서 하는 것도 아닌, 평평한 바닥에서 연단이 있고 마이크가 있는 매우 안전한 곳에서 하는 것이므로 겁낼 이유는 전혀 없다.

스피치나 프레젠테이션을 잘하는 사람은 말하는 기술이 훈련된 사람이다. 이것을 잘하기 위해서는 운동선수가 연습하듯이 반복 훈련이 최고의 비법이다. 음악도, 미술도, 체육도, 발표도 연습! 연습! 연습이 답이다.

팩트 체크

* **11m** : 이 높이는 사람들이 가장 공포를 느끼는 아파트 4층 높이다. 이 높이에서는 바닥이 정확하게 보이기 때문에 공포심을 더 느낀다고 한다. 참고로 축구에서 패널티킥 거리도 11m다.

생각이 많을수록

망설여지고

망설일수록

조급해지며

조급할수록

그릇된 선택을 한다고 한다

생각은 짧게,

선택은 천천히,

실천은 즉시!

:: 권영조 시 「생각」 전문

제5부

나만의 공공기관 필살기

◉

내 삶의 배터리는 안녕한가?

필자는 직장생활 9년 차인 1997년 12월 IMF 외환 위기를 몸소 겪었다. 함께 근무하던 동료들이 권고사직으로 직장을 떠날 수밖에 없었는데, 그때부터 고난의 시작이었을 것이다. 한참 지난 후 퇴직한 동료 한 분이 연구원에 와서 "퇴직하지 마라! 딱 붙어서 절대 쓸려 나가지 마라! 100퍼센트 후회한다!"라며 퇴직한 것을 후회했다.

우리는 살면서 몇 번의 고비와 시련을 만날까? 사람과 상황에 따라 다르겠지만, 몇 번이든 그 시련을 극복하는 것이 중요하다. 그 시기가 지난 후에는 반드시 자신을 돌아보는 시간을 가져 다시는 눈물 흘릴 일이 없어야 한다.

때로는 시련이 너무 벅차서 감당할 수 없을 것 같다가도 평정심을 찾고 하나씩 되짚어 보면 의외의 곳에서 해결의 단초(端初)를 발견하기도 한다. 그러니 당장 힘들다고 절대 포기해선 안 된다는 것이다. 길을 가다가 큰 벽이나 바위에 걸려 넘어지는 일은 없다. 생각지 못한 장소나 상황에서 작은 돌부리 혹은 낮은 보도블록에 걸려 넘어질 수 있고, 휴대폰을 보거나 다른 생각을 하다가 발을 헛디뎌 다칠 수도 있다.

이렇듯 우리 삶을 방해하는 큰 벽이나 바위가 내 앞을 막는다면 쉽게 포기하거나 돌아가지만, 방심한 상황에서 일을 그르친다면 주저앉거나 포기하지 마라. 잠시 자신을 돌아보면서 무엇이 문제이고 어디서부터 잘못됐는지 차분히 확인한 다음 재기하는 것이 좋다. 혼자 회복할 여건이 안 된다면 가족이나 주변 사람에게 도움을 요청하면 된다.

살다 보면 사람마다 질풍노도의 시기가 있을 것이다. 청소년에게만 사춘기가 있는 것이 아니고, 결혼한 지 오래된 부부에게만 권태기가 있는 것은 아니다. 직장생활하는 동안 어느 날은 출근하기 싫어 휴가를 내고 훌쩍 떠나고 싶거나 직장과 업무에 불만이 생기는 '직장에서의 권태기'가 찾아오는 시기가 있다.

필자도 지금까지 잘 견뎌 왔지만, 언젠가부터 아침에 눈이 떠지지 않고 출근 준비를 하면서 '쉬고 싶다'는 생각과 '출근해야 하나?'라는 생각을 한 적이 있었다. 코로나19가 한창 유행일 때 아침에 일어나면 몸이 천근만근이어서 '차라리 코로나에 걸렸으면 좋겠다'는 생각도 해 봤다. 출근해서도 피로가 몰려와 10시경부터 졸음이 몰려올 때도 있고, 점심 먹고 2~3시경이 되면 의자에 앉아 10~20분씩 잠을 청하기도 했다.

이런 모습과 푸념에 아내는 "휴가를 내!" 하며 이해할 수 없다는 반응을 보였고, 직장에서도 안 좋은 이미지를 줄 것 같아 속내를 털어놓지 못했다. 결국, 지금 하는 일에 만족을 느끼지 못하거나 업무에 지쳐서 그런 건지, 체력이 떨어진 건지, 의욕이 없어진 건지, 건강에 이상이 있는 건 아닌지, 직장생활에 권태기를 겪고 있는 것은 아닌지 생각해 보게 됐다.

청소년기의 사춘기나 결혼생활의 권태기는 나만의 문제가 아니라 누구나 겪는 것이니 새로운 도약을 위한 당연한 과정으로 받아들이기 바란다. 문제는 직장과 사회에서는 나만을 위한 환경을 만들어 주지 않는다. 옛날같이 월급만 주면 다 해결되는 시대는 지났다. 직장은 구성원들에게 성과 창출을 강요하기 전에 구성원들이 의욕적으로 성과를 낼 수 있는 환경적·문화적·제도적인 선순환 구조의 조직 문화를 만들어 주면 직원들의 만족감은 높아지고 성과는 자동으로 따라올 것이다. 맞는 말이기는 한데 직장은 성과가 우선이지 직원 우선이 아니어서 절대 불가능한 일이라고 할 수 있으나, 노력 정도에 따라 다를 수 있음은 확실하다.

톱으로 나무를 베는 벌목공 두 명이 있었다. 한 명은 톱날이 무뎌지도록 쉬지 않고 온종일 나무를 베었지만, 또 한 명은 중간중간 휴식을 취하며 체력을 충전하고 무뎌진 톱날을 갈아 가며 나무를 베었다. 과연 누가 더 오래 나무를 많이 벨 것인지는 자명한 일이다.

우리 삶은 100미터 단거리 달리기가 아니라 무거운 짐을 지고 100년 동안 달리는 마라톤 경주다. 우리가 살 100년을 100미터 달리는 속도로 달리면 초반에 지쳐 쓰러질 것이다. 심장마비로

죽을지도 모른다. 그렇다고 100미터를 100년 동안 달리는 것도 문제다. 이런 글조차 '사치이고 팔자 좋은 소리 한다'는 사람도 있겠지만, 오래달리기 위해서는 틈틈이 자신을 점검하고 쉬면서 충전도 할 줄 아는 지혜와 여유가 필요하다. 또, 좋아하는 것이 있다면 한 번에 몰아서 하지 말고 틈틈이 즐기고, 그것을 장점이 되게 하면 장점을 넘어 나만의 강점이 되고, 시간이 지나 금전적 수입으로 이어질 수도 있다.

"틈이 있어야 햇살도 파고든다"는 말이 있다. 빈틈없는 사람은 박식하고 논리정연해도 정이 가질 않는다. 왜 그럴까? 틈이 있어야 다른 사람이 들어갈 여지가 있고, 이미 들어온 사람을 편안하게 하기 때문이다. 틈이란 사람과 사람 사이의 소통 창구라고 할 수 있다. '틈'은 허점이 아니라 여유다(이강흥 시 「빈틈」에서).

그동안 쉴 틈 없이 자신을 밀어붙이며 살았다면 이제는 삶에 여백을 만들고 에너지를 충전할 필요가 있다. 아직 젊은 사람도 직장생활과 사회생활을 통해 축적된 자신의 경험으로 적당한 기다림과 마음의 여유를 가질 것을 권한다. 뭐든 할 수 있는 시간에 아무것도 하지 않는 여유를 가져 보는 것이다. 일명 '멍 때리기'다. 일상의 여백을 통해 자신을 돌아보고 충전 시간으로 활용한다면 삶이 풍성해지리라고 본다. 그래서 내 삶의 에너지가 방전되지 않는 자기관리가 필요하다는 것이다.

직장생활 필살기, 나의 가치를 올려라

　나는 월급쟁이인가, 전문가인가? 월급쟁이는 늘 위축되고 누군가의 눈치를 보며 시키는 일만 하는데 일이 너무 많아 여유가 없다. 월급쟁이에게 꿈이나 도전은 사치이고, 직장은 먹고 살기 위한 수단일 뿐, 대안도 없이 그냥 다니는 곳일까? 월급도 통장을 스쳐 지나갈 뿐, 늘 부족하고 만족스럽지 못하다. 10년, 20년 넘게 직장생활을 했는데, 나만의 전문 분야도 없고 똑 부러지게 잘하는 것도 없다면 직장생활을 잘했다고 할 수 있을까? 내가 실무자인데도 상사의 생각대로 움직이고, 연말 인사 평가 땐 상사의 눈치만 봐야 해서 늘 불안하다. 그렇다고 성과가 나지 않는 새로운 일은 밀어내고 상사의 눈에 띄는 일만 골라서 할 수 있을까?

　프로페셔널한 직장인은 항상 자신감 넘치는 당당한 모습으로 팀과 조직을 이끌어 가는 전문가이고 조직에서 인정받는 사람이다. 자신만의 전문 분야가 있고 차별화된 역량을 가지고 있다. 상사 앞에서도 자기 의견을 소신 있게 말한다. 타 부서 동료들이나 부서장들이 함께 일하고 싶어해 부럽기만 하다.

　직장생활을 5년 이상 하다 보면 뭔가 부족한 것 같고, 잘나가는 동료나 선배에 비해 왠지 뒤처지는 것 같은데, 무엇이 문제이고 어떻게 해야 할지 모르겠다며 필자를 찾아온 직원이 있었다.

자기 나름대로 한다고 했는데 인사 평가 결과는 마음에 들지 않고, 자기만의 특기도 없어 너무 밋밋한 직장생활에 동기 부여가 필요한 그에게 몇 가지 코치를 했다.

문서는 나의 얼굴

세상이 온통 디지털화·빅데이터화되고 AI가 기존 데이터를 활용해 새로운 정보를 창출하면서 일종의 '데이터 혁명', '시스템 혁명'이 일어나고 있다. 조직 운영의 근간을 이루는 시스템의 전산화로 전자결제나 이메일, 내부 메신저 등 온라인 커뮤니케이션이 일상화되어 직장에서 얼굴을 보고 소통하는 기회도 줄었다.

그런데도 직장에서 업무를 수행하려면 다양한 문서 작성과 보고 과정을 거친다. 이때 작성된 문서는 '자기 얼굴'이라고 할 만큼 업무 처리 수준을 보여 주는 중요한 수단이다. 문서는 목적에 맞는 문구나 문맥 형성이 중요한데, 문서가 잘 정리되지 않은 이유는 잘못 쓴 것이 아니고 생각이 정리되지 않았거나 표현 기법이 잘못됐기 때문이다. 아니면 전체 맥락을 이해하지 못해서일 수도 있다.

처음 하는 업무든 이미 해 본 업무든 문서를 작성하기 전 10~20분 정도 생각하고 전체 맥락을 그리고 시작하면 나중에 2~3시간 이상 절약할 수 있다. 시작부터 업무와 관련된 자료를 폭넓게 수집하고, 전임자의 처리 과정과 문서 내용을 확인하거나 작년에 처리한 문서, 또는 유관 기관 사례 등을 검토하고 문서를 작성해서 결제받기까지 여러 차례 수정을 거치면 완성도가 높아진다. 그리고 시작부터 끝까지 혼자 해결하려 하지 말고 상급자나 관리자와 진행 과정을 논의하고 협의하면 그들도 진행 상황을 중간중간 확인하기 때문에 별도로 보고할 필요도 없다.

이런 상황은 TV 뉴스를 전하는 취재기자들의 브리핑에서도 쉽게 느낄 수 있다. 사건 현장에서 상황을 정확히 파악하고 맥락을 짚은 기자는 앵커의 어떤 질문에도 자연스럽게 전하는가 하면, 준비 시간이 짧아 이해하지 못한 채 써 놓은 시나리오대로 브리핑하는 기자와는 시청자들이 느끼는 이해의 정도가 확연히 다르다. 그래서 대부분 기자가 현장 중계할 때는 적어도 3~4시간 또는 5~6시간, 아니면 며칠 전부터 자료를 찾아 확인하고 또 확인해서 뉴스를 정리하고 수없이 연습해서 큐 사인이 들어오기를 기다린다. 문서를 정리하면서 상황을 파악하지 말고, 먼저 상황을 명확히 파악하고 관련 자료를 찾아보거나 논문, 보고서 등을 참고하여 정리하면 훨씬 효과적이다.

구체적으로 문서를 작성할 때는 작성 배경이나 필요성, 목적, 현황과 문제점, 개선 방향, 세부 추진 계획, 기대효과, 향후 계획 등 보고받는 사람의 관점에서 문맥을 잡아가면 더 효과적이다. 특히, 공공기관의 업무는 대부분 1~2년 단위로 반복되므로 전에 작성해 놓은 문서를 참고하거나 선배들에게 물어가며 추진하면 결과도 좋다.

기관의 역할이나 구성원에 따라 형태가 조금 다르지만, 일반적인 보고 문서에는 현황 분석 보고와 추진 계획 보고, 결과 보고 등 근거 자료가 첨부되는 경우가 많다. 어떤 자료는 명확한 근거와 적절한 절차를 거쳐 보고됐는지도 중요하다. 공공기관에서 의사결정을 위한 문서나 현황 보고, 결과 보고를 위한 문서 작성은 서술식이 아니라 주로 개조식(個條式)을 사용하고 있다. 개조식은 조사와 접속사, 부사, 형용사 등을 최대한 줄이고 한 가지 주제에 한 페이지 작성을 기본으로 한다. 다만, 길게 표현하거나 근거 자료가 필요한 경우 본문에는 요약해서 표기하고 관련 데이터는 별도로 첨부한다.

　또, 중요한 내용을 앞에 쓰는 두괄식으로 작성하는 것이 요점을 전달하기 쉬우며, 명확한 근거를 제시하기 위해 관련 법률이나 대통령 지시 사항, 정부 방침, 감사 결과, 기관 내 규정, 경영 평가 지표 등도 좋은 근거가 된다. 근거는 본문 밑에 두 줄 이내로 쓰고, 많으면 별도로 첨부하되 해당 법명과 조항, 주요 내용을 표기하면 좋다. 문맥 전개는 쉬운 용어와 논리로 보고받는 상급자나 업무 인수자, 향후 감사하는 사람 등 누구나 이해할 수 있도록 작성해야 한다.

　의사결정 문서는 관련 근거와 주요 내용, 적용 대상, 시행 시기 등을 명시하고 서식이나 참고 자료는 별도로 첨부한다. 계획 보고나 결과 보고서를 작성하는 경우 목적과 주요 내용, 문제점, 그동안의 경과, 대응방안, 기대효과, 향후 계획 등을 보고 성격과 상황에 따라 가감하여 정리하는 것이 좋다.

　모든 보고서의 기본 틀은 ① 배경과 필요성(목적), ② 현황과 문제점, ③ 대응 방안 및 기대효과 등 삼단논법을 기준으로 적용하면 좋다. 다만, 쓰는 사람의 취향과 보고 주체에 따라 적절하게 응용하면 된다. 문서 작성이 완료되면 꼭 재검토해야 한다. 오타가 없는지, 보고 받는 사람 관점에서 이해할 수 있게 작성되었는지, 관련 법과 규정 간 충돌할 소지가 없는지 등도 자세히 살펴봐야 한다.

　보고자의 성향에 따라 작성된 후에 재검토하기를 싫어할 수도 있다. 대부분 작성 과정에서 많이 고민하고 수정했던 터라 눈에 잘 들어오지 않거나 다시 보고 싶지 않은 심리가 작용하기 때문일 것이다. 그런데도 제삼자가 보면 반드시 오타나 틀린 부분이 나올 수 있으므로 작성 후에 반드시 재검토하기 바란다.

　경영평가보고서를 작성해 본 사람은 알 수 있을 것이다. 아무리 좋은 성과가 있더라도 그것을 어떻게 표현하는가에 따라 성과가 눈에 띄기도 하고 도대체 무슨 말인지 알아볼 수 없을 수도 있다. 성과 표현을 극대화하기 위해 기관의 미션과 비전, 핵심 가치 등과 연계해서 도식화, 이미지화, 성과가 미치는 영향 등을 심사위원의 눈에 잘 띄게 하는 것도 보고서를 작성하는 공직자의 중요한 역할이고 능력이라고 할 수 있다.

　특히, 오타나 계산 착오(금액, 단위), 연도 표기(2025년, '25년 통일), 도표 그리기 등에서 실수가 있을 수 있으니 꼼꼼히 검토하길 바란다. 연도 표기는 문서 작성 방식에 따라 연월일을 표기하는 때도 있지만 대부분 공공기관 문서 작성에는 점(2025. 1. 1.)으로 표기하는데, 점을 찍어야 할 곳에 찍지 않으면 숫자를 쓰고 연월일을 표기하지 않은 것과 같으니 주의해야 한다. 연도 표기 역시 한 줄에 글의 양이나 길이를 고려하여 '2025년'을 앞의 숫자 '20'을 생략하는 의미로 '25.로 표현하는 것이 맞는데, 많은 사람이 숫자 '25' 앞에 작은따옴표(') 표기를 모르기도 하니 이번 기회에 확실히 익혀 두자.

보고 받는 사람이나 결제권자가 오류를 발견하면 작성자와 중간 검토자를 꼼꼼하지 않은 사람으로 인식하게 되고, 이것이 반복되면 능력 없는 직원으로 판단할 수 있다. 계산 착오에 따른 금액의 오류는 치명적인데, 그 문서에 아무리 가치 있는 정책 대안이 담겨 있더라도 틀린 숫자 하나로 가치를 상실하기 때문이다.

또, 결제문서 작성 본문에 '~를 요청드립니다', '~를 부탁드립니다' 같은 높임말은 구두로 대화할 때 사용하는 언어이니 '~를 요청합니다', '~협조 바랍니다'와 같이 작성하면 무난하다.

프레젠테이션 스킬 함양

직장에서 문서 작성 외에 자신을 표현하는 방법 중 중요한 것이 프레젠테이션이다. 이것은 어느 직장에서나 회의 때와 사업계획 보고, 진도 보고, 결과 보고, 사업 수주를 위한 경쟁 입찰 등에 흔히 쓰인다. 생명(연)이나 보의(연)에서는 연구 과제를 수주하거나 계획 보고, 결과 보고, 공청회, 심포지엄 등에 일상적으로 실시하고 있다. 1990년대 초부터 파워포인트(MS Office) 프로그램을 이용한 프레젠테이션이 대중화되면서 중·고등학교나 대학, 대학원에서도 과제 발표와 취업 면접, 승진 심사에서도 일상화된 지 오래다.

직장에서는 교육이나 업무 보고 등 공식·비공식 영역에서 상급자나 동료, 불특정 다수에게 보고하거나 설득 목적으로 프레젠테이션한다. 그만큼 자기 생각과 정보를 활용해 남을 설득하는 것이 중요해졌고, 단순한 의사 전달 수준을 넘어 상대를 이해시키고 설득하는 일이 많아졌다. 특히, 프레젠테이션은 규모 있는 회의실이나 강당, 호텔 등 공식 회의에서 하는 경우도 있지만, 일반 대화나 비공식 회의에서 하는 모든 표현을 프레젠테이션이라고 할 수 있다.

그런데 프레젠테이션은 자신이 가지고 있는 것을 각종 미사여구(美辭麗句)로 포장해 상대방을 현혹시키고 사실과 다른 결과를 가져올 수 있어 필요 없다고 주장하는 사람도 있다. 대표적인 다국적 기업 아마존은 기업정책으로 No Powerpoint를 선언하고 직장에서(외부에서는 일부 사용) 파워포인트가 아닌 워드(word)로 모든 문서를 작성하고 회의에 활용한다. 국내에서는 정태영 현대카드 부회장이 2014년, 2016년에 'PPT 금지'를 선언했다.

하지만 스티브 잡스는 신상품 소개 프레젠테이션 이외에도 발표 스킬이 화제가 되어 책으로도 나왔다. 문재인 정부가 들어서면서 대통령 국회 시정연설과 국토교통부 김현미 장관(2017. 6. 23.), 환경부 김은경 장관(2017. 7. 12.) 등 정부 부처 장관 취임식에도 프레젠테이션이 등장했다. 특히, 김은경 장관은 무대 중앙에서 써 온 대본을 읽는 것이 아니라 무대 밑으로 내려가 강연식으로 했다.

결혼식에서 신랑신부 소개나 주례를 프레젠테이션으로 하는 사례도 있다. 국회의원이나 지자체장 후보들도 소속 정당 공천 심사위원회에서 프레젠테이션을 통한 면접이 대세를 이루고 있다. 현대를 살아가는 사람이라면 정치·경제·사회·교육 등 모든 분야에서 스피치와 프레젠테이션 능력을 빼고 성장하는 것은 상상할 수 없게 됐다.

프레젠테이션할 때 "그냥 하면 되는 거 아냐?" 하면 큰코다칠 수 있다. 필자는 프레젠테이션을 '연출'이라고 생각한다. 그 이유는 무대(연단)와 관객(청중, 고객)이 존재하고, 말로만 하는 것이 아니라 온몸으로 보여 주고 설득하는 것이기 때문이다. 또, 그것을 실행하기 위해 여러 번 연습이 필요한데, 연습 과정에서 인사말은 어떤 내용으로 할지, 어느 포인트에서 강조하고, 어느 상황에서 청중과 교감해야 할지, 청중의 흥미를 유발하기 위한 퍼포먼스(게임, 퀴즈 등)는 언제 어떤 방식으로 할지, 마무리 멘트와 메시지는 무엇으로 할지 등을 계획하고 연습이 필요하기 때문이다.

강연 형식이 아니고 학교 교육이나 직장에서의 업무 보고 등에서는 고민할 일이 아니라고 말하는 사람이 있는데, 프레젠테이션에 대한 기본기를 배운 사람이라면 생각과 실천이 분명 달라질 것으로 생각한다. 결국, 배우지 않고 해 보지 않은 사람이 불필요한 거라고 말하는데 프레젠테이션에 대한 참 맛을 몰라서 하는 말이라고 필자는 강조하고 싶다.

어렸을 때 자전거 타는 법을 배워 평생 아무 데서나 종류와 크기에 상관없이 탈 수 있듯이, 발표 기술은 한 번만 배워 두면 된다. 최근에는 미리캔버스(Miri Canvas)라는 새 프로그램이 나와 어려운 파워포인트 때문에 힘들어하거나 포기하는 사람들이 쉽게 접할 수 있게 됐다. 또 AI(Chat GPT 등)를 잘만 활용하면 자신이 원하는 대로 멋진 발표 자료를 만들어 주니 잘 활용하기 바란다. 이것 역시 파워포인트를 1도 다룰 줄 모르는 사람이라면 절대 쉽지 않다는 것을 알고 시작하기 바란다. 중요한 것은 누군가의 도움으로 만들거나 AI를 이용해서 만든 발표 자료라도 내가 숙지하고 연습해서 잘해야만 전달되고 설득할 수 있다. AI나 누군가가 나 대신 발표하는 것은 의미가 없다는 것이다.

이메일, 문자메시지, 사내 메신저 활용

일을 하다 보면 이메일이나 사내 메신저 문자와 관련된 다양한 상황을 마주하게 된다. 특히, 논쟁에 대한 부정적 회신은 신중하게 작성하되 최대한 예의를 갖추고 역지사지의 관점에서 써야 한다. 이메일은 텍스트만으로 소통하는 방식이므로 주의가 필요하다. 만나서 이야기하면 표정과 제스처, 태도 등 다양한 메시지가 전달되지만, 이메일은 문구 하나, 단어 하나만으로도 오해가 있을 수 있어 신중해야 한다.

언어는 사용 목적에 맞게 써야 하는데 공식 행사에서 주로 사용하는 정형화된 말투가 있다. 예를 들면 "바쁘신 중에도 참석해 주신 여러분께 진심으로 감사드립니다." "이번에는 ○○○ 회장님의 축사를 듣도록 하겠습니다." 예의는 있지만 형식적이어서 거리감이 느껴진다. 방송 뉴스 멘트는 공식적인 말투로 극존칭은 아니지만 많은 사람이 듣는다는 전제하에 최대한 예의를 갖춘 언어 표현으로 시청자의 눈과 귀에 편안하게 전달된다. 뉴스 전문가들이 완전한 문장과 격을 갖춘 어휘, 부드러운 대화체로 교양 있게 표현하기 때문에 세련되고 안정적이라고 할 수 있다.

> 한국판 나사를 표방하는 우주항공청이 경남 사천에서 개청합니다. 지난 1월 우주항공청 특별법이 국회를 통과한 이후 4개월여 만에 문을 여는 건데요. 우주항공 관련 정책연구 개발과 관련 산업 육성 등을 관장하는 핵심 역할을 할 예정입니다.
> [MBC 뉴스투데이 '미리보는 오늘', 이선영 앵커, 2024. 5. 27.]

처음 본 사람이거나 격식을 갖춰야 할 때도 언어 선택을 신중하게 해야 한다. 사람의 말 중에는 쉽고 편해서 귀에 잘 들리는 말투가 있다. 친분 있는 사람들과는 반말을 섞어 가며 대화하는

데, 웃거나 어깨를 툭 치는 등 말만큼이나 몸을 많이 쓴다. "어, 왔어!" "밥은?" 이처럼 대화 내용도 짧다.

말은 상황과 대상 또는 상대방과의 관계에 따라 적절히 표현하는 것이 중요하다. 그렇다면 이메일 소통에서는 어떤 말투를 사용하는 것이 좋을까? 필자의 경험으로는 격식 있는 말투와 부드러운 대화체의 적절한 조화가 필요하다고 본다. 물론 아주 친한 사이에는 편한 표현도 가능하겠지만, 기본적인 것은 역시 격식과 부드러운 말투다. 아무리 친해도 이메일로 의견을 주고받을 때는 적절한 예의를 갖추는 것이 좋다. 친하다고 반말을 던지는 건 친하고 편한 게 아니라 얕잡아 본다는 오해를 불러올 수도 있기 때문이다.

바쁠 때는 용건만 간단히 적을 수도 있지만, 몇 자 더 쓴다고 엄청난 시간이 소요되는 것이 아니다. "안녕하세요"처럼 짧은 인사 정도나, "○○○팀에 ○○○입니다. 보내 주신 메일 잘 받았습니다." 이 정도를 적고 용건으로 들어가면 아무리 감정이 상했더라도 오해할 일은 없을 것이다. 자신의 복잡한 감정이나 기분 나쁜 상태를 이메일로 적는 것보다 직접 만나서 이야기하면 오해를 쉽게 풀 수 있을 텐데, 그것을 하지 못해 일을 더 키울 수 있다.

중요한 제안이나 상대의 신상에 대한 문제, 그리고 거절의 말은 가급적 얼굴을 보고 소통하는 것이 좋다. 그런데 이메일을 이용해야 할 상황이라면 다음 몇 가지만 잘 지켜도 훨씬 좋아진다.

먼저, 바로 답하지 않는 것이 좋다. 이유는, 바로 답하면 나의 용건만 작성할 확률이 높다. 특히, 내 감정이 상한 상황에서 정형화된 말투를 쓰면 상대는 일방적으로 통보받았다고 생각하기 쉽다. 이메일을 받고 조금 더 숙고한 후에 예의를 갖춰서 보내는 것이 좋다.

둘째, 자신이 쓴 이메일을 한 번 더 읽어 보고 발송해라. 상대가 이메일을 받았을 때 어떨지를 생각하고 보고서를 교정하듯 검토하는 것이다.

셋째, "바쁘신데도 검토하고 회신해 주셔서 감사합니다"와 같이 상대를 배려하는 간단한 인사말이나 상대의 바쁘거나 어려운 상황을 위로하는 등 답변 시작을 인간적인 내용으로 작성하면 좋다. 그런 말은 쑥스러워서 못 쓴다는 사람도 있고 급하면 용건부터 쓰게 되는데, 안부를 묻거나 어떻게 지내고 있는지, 혹은 "요즘 날도 더운데 건강 관리 잘하시기 바랍니다"처럼 덕담으로 시작하거나 마무리하면 좋다.

필자가 외부 기관 담당자와 이메일을 주고받으면서 마지막에 "오후는 오전보다 더 행복하시길 기원합니다"라고 회신을 보냈는데, 이 글을 받은 담당자가 그 응원 메시지에 눈시울이 붉어졌다며 감사 답글을 받은 적이 있다. 이메일을 주고받으면서도 자신을 챙겨 준다는 느낌을 받을 때 기분 나빠할 사람은 없다.

넷째, 너무 기본적이어서 소홀히 하기 쉬운 것으로, 상대가 보기 좋게 편집해서 보내라. 내용이 많아지면 가독성이 떨어질 수 있는데 상대방이 읽기 쉽게 글자 크기를 조정하고, 중요한 부분을 굵게 표시하거나 글자 간격이나 줄 간격 띄우기, 들여쓰기 등의 배려가 필요하다. 특히, 줄이 바뀔 때는 윗줄 마지막 글자와 다음 줄 첫 글자를 읽기 편하게 윗줄에서 끊어지는 말로 작성하면 좋다. 이것은 이메일뿐만 아니라 문서나 보고서 작성에도 활용하면 읽는 사람의 가독성이 높아지니 적극적으로 활용하기 바란다.

마지막은 간결하게 표현하되 안부와 개인적인 인사, 그리고 "검토 후 회신 주시면 감사하겠습니다." 또는 "궁금한 것은 언제든지 연락 주시면 신속히 답변드리겠습니다" 등과 같이 마무리 인사까지 하면 '이상적인 구조'라고 할 수 있다.

주의할 것은 서로 감정이 좋지 않을 때나 스트레스를 받았을 때는 되도록 이메일을 보내지 마라. 스트레스 상태에서는 아무래도 내 위주로 생각하고 판단할 확률이 높으니 시간을 갖고 감정을 조절한 다음 회신하는 것이 좋다. 사소한 내용을 이메일로 보내면서 시작된 다툼이 답글(Re:제목)에 답글(Re:Re:제목)을 달고, 또 그 답글(Re:Re:Re:제목)에 답글(Re:Re:Re:Re:제목)이 반복되면서 볼썽사나운 모습이 연출되기도 한다.

내부 메신저도 마찬가지다. 한 번은 필자에게 상담하러 온 직원이 주고받은 메신저 내용을 캡처해서 보여 주며 상대방에 대한 감정을 말한 적이 있는데, 메신저도 이메일과 같은 방식으로 관리해야 한다. 특히, 메신저는 질문과 답을 거의 동시에 표현하기 때문에 상황이 더 악화될 수 있으니 신중해야 한다.

우리는 업무와 관련이 있든 없든 수시로 통화하고 이메일과 메신저를 주고받는다. 진심이 담겨 있는 업무 메일은 받았을 때도 기분 좋은데, 그것이 관계의 시작이고 조직 생활에서 나의 품격이 평가되는 수단이고 도구가 되니 습관이 되도록 잘 활용하면 좋겠다. 당부하고 싶은 것은, 관계가 악화된 상황에서 주고받는 이메일에 상급자나 동료, 심하게는 기관장을 참조로 보내는 것은 결코 좋은 방법이 아니다.

전자 교탁 활용

직장에서 전 직원을 모아 놓고 설명회를 하거나 교육, 업무 보고, 부서 회의, 기타 내외부에서 공식·비공식 행사를 하면서 전자 교탁이나 빔프로젝트, TV 모니터를 사용하기도 한다. 이때 직원 포상이나 인사, 기념촬영을 위해 당사자들이 무대로(앞쪽으로) 나오는 경우가 있는데, 스크린에 비친 회의 내용이나 발표 자료 등이 그들의 얼굴에 비쳐(파워포인트로 작성한 문서를 슬라이드쇼로 실행했을 때) 눈이 부셔서 앞을 볼 수가 없고 글씨나 이미지 등이 얼굴에 나타나면서 민망한 상황이 발생할 수도 있다. 그것을 바라보는 다른 직원들(청중)도 어색할 수밖에 없다.

이런 상황을 해결하는 방법이 있다. 빔프로젝터에 연결된 장비가 노트북이든 전자 교탁이든 슬라이드쇼 상태에서 키보드(자판)의 점(.)을 치면 빔프로젝터 빛을 차단할 수 있다. 무대가 어둡다면 콤마(,)를 치면 흰색으로 슬라이드를 나타낼 수 있다. 두 가지 다 화면을 원래 상태로 돌리려면 아무 키나 누르면 된다. 레이저 포인터의 기능에 따라 이 기능이 있는 것도 있어 슬라이드 뒤로 넘기기 버튼을 길게 누르면 슬라이드 화면이 닫힌다. 이것은 파워포인트의 기본 기능인데 잘 몰라서 사용하지 못하고 있다.

이 기능을 행사는 물론 실제 강연에서도 효율적으로 활용할 수 있다. 청중이 산만하거나 집중이 잘 안 될 때 강연자나 발표자에게 집중하게 할 수도 있고, 강연자가 중요한 이야기를 하기 위해 청중을 집중시키기 위한 도구로도 활용하면 좋다. 또, 발표 내용 중 특정 페이지에 대해 질문할 때는 슬라이드쇼 상태에서 해당 슬라이드가 몇 페이지인지 확인하고 페이지 숫자만큼 자판을 치고 엔터(Enter) 키를 누르면 해당 슬라이드로 이동한다. 그 상태에서 질문에 답하거나 추가 설명하면 된다.

경험이 많지 않은 직원이 발표할 때 범하기 쉬운 실수 중 하나가, 앞에 모니터가 있는데도 청중이 보는 스크린을 보면서 말하는 것이다. 이는 발표 경험이 많지 않고 긴장되어 청중을 바라볼 수 없는 것과 청중의 시선이 쏠리는 것이 부담스러워서 시선을 피하고자 하는 행동일 수 있다. '나 지금 떨고 있니?'(177쪽)에서도 이야기했듯, 청중 중에는 발표자를 제대로 바라보는 사람이 많지 않다는 것과 발표자가 긴장하는 것에 별 관심이 없고 알지도 못한다는 것을 잊지 않았으면 좋겠다. 그러니 좀 긴장되더라도 바로 앞에 있는 모니터를 보고 발표하면 된다.

마이크 사용법

회의실에서 마이크를 사용할 때도 다음 내용을 잘 기억하고 있으면 효과적으로 이용할 수 있다. 대부분 공공기관 회의실(20명 이상)에는 탁상용 마이크가 설치돼 있다. 이 마이크를 사용할 때 마이크와 내 얼굴과의 거리는 목소리가 작은 사람이 아니면 너무 가까이에서 말하지 않도록 해야 한다.

마이크의 볼륨은 처음 설치한 사람이 그 공간을 고려해서 음량을 맞춰 놓아 너무 가까이 대고 말하면 듣는 사람의 고막이 터져 나갈지도 모른다. 보통 턱밑에서 약 10~15cm, 목소리가 작은 사람은 5~10cm 거리가 적당하다. (아래 이미지 참조)

또, 보고 자료는 바닥에 놓고 읽지 마라. 바닥에 놓고 읽으면 고개를 숙이게 되므로 좋은 목소리가 나오지 않을 수 있다. 서류를 들어(약 50~60° 유지) 두 손으로 잡고 발표하거나 보고하면

효율적으로 마이크 잡는 방법

①		네 손가락을 가볍게 말아쥐고 엄지는 사진과 같이 세운다
②		손안에 마이크를 넣고 가볍게 감싸쥔다.
③		마이크 잡기 완성
④		마이크는 턱밑에 두되 손이나 주먹 하나 들어갈 정도의 간격을 유지한다. (옆모습)
⑤		마이크는 턱밑에 두되 마이크 성능과 볼륨의 크기에 따라 본인이 높이를 조절하면 된다. (앞모습)

이렇게 마이크를 잡으면 아래 사진(⑥~⑧)과 같이 마이크를 잡은 팔의 상단이 겨드랑이에 붙고 팔의 하단과 팔꿈치 부분 역시 자연스럽게 옆구리에 붙게 되는데, 본인도 편안하지만 보는 사람 역시 편안하게 느껴질 것이다.

⑥~⑧ 자세는 마이크가 얼굴을 가리지 않기 때문에 사진 촬영을 해도 발표자의 얼굴이 온전히 나올 수 있어 사진도 보기 좋다.
※ 유선 마이크를 사용할 때도 방법은 같다.

목을 적당히 들어주면서 좋은 목소리로 말하고 전달력도 높일 수 있다. 또, 누군가 사진을 찍어도 자연스럽게 나온다. 핸드마이크 사용도 '효율적으로 마이크 잡는 방법'을 참고하기 바란다.

차별화된 나만의 경쟁력

성과를 잘 내는 사람들은 일상생활에서도 자신만의 루틴 (routine)이 있다. 그들은 정해진 시간에 일어나고, 정해진 패턴과 시간만큼 운동하고, 정해진 시간에 식사하고 하루를 시작한다.

SBS 예능프로그램 '집사부일체'에서 가수 이선희 씨의 아침 기상 모습을 본 적이 있다. 그녀는 아침에 일어나 말을 하기 전에 바닥에 앉아 정자세를 하고 턱을 위로 들어 기도(氣道, 호흡할 때 공기가 지나가는 길)를 5분 이상 열어 주고, 한참 목운동을 한 다음 혀를 앞으로 최대한 길게 빼서 왼쪽, 오른쪽으로 돌린 다음 말을 했다. 함께 출연한 네 사람도 따라했는데, 모두 힘들어했다. 이렇게 스트레칭을 하고 말하면 훨씬 부드럽고 편하게 할 수 있다고 한다. 이 방법은 실제 병원에서 추천하는 혀스트레칭 기법이다. 가수의 생명이라고 할 수 있는 성대 관리 방법이다.

우리나라 프로 야구 선수들도 자기만의 루틴을 갖고 있는데,

삼성라이온스 박한이(2019년 은퇴) 선수는 "타석에 들어서면서 장갑 찍찍이를 다시 조이고 자신이 설 타석의 바닥 흙을 왼쪽 발로 두 번 훑치고, 두 발을 들어 공중에서 신발의 흙을 두 번 털고, 헬멧을 벗었다가 앞머리를 밀어 올리면서 다시 쓰고, 오른쪽 다리를 투수 쪽으로 크게 벌리면서 배트를 오른발 지점까지 갖다 대며 자신의 위치를 가늠한 다음, 앞으로 한 번 휘두르고 투수를 응시하면서 공을 기다린다"고 한다. 왜 그렇게 하느냐고 물으니, 어느 경기에선가 이렇게 했을 때 안타를 잘 쳐서 루틴이 되었다고 대답했다.

대부분 직장인들도 자기만의 루틴이 있지만, 오랫동안 습관적으로 하다 보니 그것이 루틴인지도 모른다. 의식적으로 기상 시간을 맞추고, 일어나서 가장 먼저 하는 일을 정하거나 출근해서 오전과 오후에 처리해야 할 일 등을 정하면 해야 할 일이 명확해지고 시간 배분도 효과적이다. 루틴이 정해지면 돌발 상황이 생겨도 빨리 원래대로 돌아올 수 있고, 좀 더 효율적으로 시간을 사용할 수 있다.

주말에 늦게까지 인터넷 서핑이나 게임, TV로 영화를 보느라 생체 리듬이 깨져 수면이 부족하지 않도록 자기 루틴을 유지하는 것이 중요하다. 낮에 졸거나 낮잠을 자는 상황이 반복되면 게을러지고 시간 관리에도 문제가 된다. 생활 방식이 흐트러져 무기력감이 올 수도 있고 삶의 균형이 무너질 수도 있으니 조심해야 한다.

내가 잘하는 것에 집중하라

다음은 한 강연에서 중학교 2학년 학생을 둔 학부모와 필자가 질문하고 답한 내용이다.

"우리 아들 성적이 안 좋은데 어떻게 하면 공부를 잘하게 하고, 좋은 직장에 취직할 수 있을까요?"

"아들도 그만의 인생이 있을 테니 너무 염려하지 않아도 될 것 같은데요. 다만, 부모로서 아이를 보호하는 울타리가 되고 아이가 힘들고 어려워할 때 언제든 믿고 기댈 수 있는 언덕 역할만 하면 될 겁니다."

세상 모든 학생이 공부를 잘한다면 고등교육 기관이나 직장, 사회에서 변별력이 없어 인재 활용이 어려울 수 있다. 그 차이가 있어 다양한 사람들이 많은 분야에서 일하며 질서가 유지되고 발전한다고 필자는 생각한다. 모든 학생이 공부를 안 하면 또 어떤 현상이 일어날까? 이 역시 사회가 좀 더디게 발전하겠지만 조직의 성격에 맞는 채용 방식을 통해 우리 사회는 진화할 것으로 생각한다.

하지만, 요즘 사회 현상은 어떤가? 소위 일류대학이라고 하는 서울의 몇몇 대학은 대부분 공부를 잘해서 들어간다고 생각할 수 있다. 물론 그중에도 '공부만 잘하는 사람'이 있고, '공부도 잘하는 사람'이 있다. 그 외의 대학도 마찬가지다. 원서만 제출한다고 들어갈 수 있는 대학은 없다. 그곳도 어느 정도 공부를 했으니까 입학할 수 있는 거다. 그러면 위에서 말한 대학에 다니는 학생 중에는 공부보다 다른 것을 통해 자신을 특화할 수도 있다. 그들이 사회에 진출해 보면 공부할 때와는 또 다른 세상을 만나게 되고, 이전과는 다른 부문에서 재능을 발휘하거나 성공할 수도 있다.

공부가 중요하다고 할 수 있으나 청소년에게는 공부보다 자신이 잘할 수 있는 분야를 찾아 주고, 그것을 즐길 수 있도록 환경을 만들어 주어야 한다. 그리고 그것이 직업이 될 수 있게 도와주는 것이 부모의 역할이다.

우리 사회가 변한 만큼 반드시 공부를 잘하고 대학을 나와야만 출세하고 성공하는 시대는 지났다. 우리 아이가 무엇을 좋아하고 잘하는지를 알고 그 길로 갈 수 있도록 응원과 격려만으로도 얼마든지 성공하는 방법이 있다. 그러니 아이가 즐거워하고 잘하는 것이 무엇인지 알아가고 찾아 주는 것이 부모의 할 일이다.

이미 성인이 되어 직장에 다니고 있다면 지금 나의 성격과 사회성, 경력과 경험 등을 고려해서 잘하는 것이 무엇인지 생각해 보자. 아직 늦지 않았다. 부족한 것, 못하는 것을 끌어올리기보다 잘하는 것을 더 잘하면 부족한 것은 자연스럽게 따라 올라올 것이다. 직장생활하면서 제때 승진하고 중요한 보직을 척척 맡아 성과를 내는 사람 역시, 공부만 잘해서 그렇게 된 것이라기보다 조직 충성도가 높고 사회성이 뛰어나 직장에서 성과를 올리고 신뢰를 받으면서 존재감이 드러나 그렇게 된 것이라고 생각한다.

당당한 공직자

영국 토트넘에서 뛰고 있는 손흥민 선수가 한 경기에서 자신을 교체하겠다는 감독에게 불만을 표출하는 장면을 본 적이 있다. 자신은 컨디션이 좋아 더 뛰고 싶어도 팀 전체와 조화가 안 되면 감독은 선수를 교체할 수밖에 없다. 야구 경기에서도 투수가 아무리 잘 던져도 상대 타자들이 잘 치면 곧바로 교체된다. 이것이 감독의 고유 권한이다. 선수들 역시 대부분 감독의 결정에 따른다.

직장생활 하다 보면 기분 상하는 일이 있거나 체면이 서지 않는 의사결정에 따라야만 할 때가 있다. 그런 것 때문에 하소연하는 직원이 종종 있다. 이때 굳이 자신의 성격을 드러내고 화를 내면서 자기주장을 관철할 필요는 없다고 본다. 내 위치에서 규정과 절차를 지켜 최선을 다한 것이 반영되지 않을 때는 "거기까지가 나의 역할이구나"라고 인식하면 된다. 내가 하는 방법으로 최선을 다했으면 되는 것이다. 그 이후는 최종 의사결정자들의 몫이다.

이런 태도가 공공기관에서 근무하는 직원들의 자세라고 할 수 있다. 배짱 없고 지조 없는 사람이라고 말할 수 있지만, 어느 조직이나 그 조직을 끌고 가는 리더가 모든 책임을 지는 것이다. 나의 역할과 그들의 역할은 분명 다르다. 영화배우 최민식 씨가 한 예능프로그램에서 연기자의 역할과 책임에 대해 이런 말을 했다.

"요리사가 좋은 재료를 가지고 정해진 레시피대로 최선을 다해 음식을 만들어 손님에게 주었다면, 음식에 대한 평가는 비용을 낸 손님의 몫이다. 맛있으면 있는 대로 맛없으면 없는 대로 손님의 결정을 존중해야 한다. 자신이 먹어 봐도 정말 맛있는 음식을 제공했는데 손님이 맛있다고도 맛없다고도 할 수 있다. 정해진 레시피에 손님이 특별히 싫어하는 양념이나 재료가 들어가 그럴 수 있다.(필자 생각) 그것 역시 손님의 의사를 존중해야 한다. 고객 중에는 까다로운 고객이 있을 수 있기 때문이다. 중요한 것은 요리사가 적어도 사기를 치지 않았으면 되는 것이다. 즉 좋은 재료를 썼다거나 정해진 레시피대로 했다면 요리사로서 최선을 다한 것이다."

내 위치에서 내가 할 수 있는 역할에 충실하고 최선을 다하면 된다. 자기 업무에 대해 누군가 절차나 규정, 목적에 맞지 않는 것을 강요하는 것이 아니라면 최고 의사결정자의 결정에 따라야 한다. 상급자가 비리를 저지르도록 요구했는데 거부하지 않았거나 규정과 절차를 지키지 않고 자기 역할에 충실하지 않았다면 나에게도 책임은 있는 것이다.

부당한 요구에는 상급자의 지시를 따르지 않아도 나중에 문제 될 것이 없다. 공직자는 성격상 체면이 구겨지는 일이라도 각자 위치에서 자신의 역할만 하면 된다. 그것 때문에 고통스러워할 필요는 없다. 상급자의 부당한 지시는 관련 법과 규정, 절차에 맞지 않아 수행할 수 없음을 말할 줄 알아야 하고, 정당한 지시 역시 관련 절차를 준수해서 수행하면 된다.

물론, 결과가 잘못되지 않도록 최종 의사결정자의 의견을 한 번 더 살피고 그 의견을 반영해서 보고했다면 결과는 달라질 수도 있겠지만, 내가 준비한 것이 최종 결정자의 생각과 다른 변동 상황이 발생하여 결정을 보류하거나 불가피한 상황이 발생해 취소될 수 있음을 명심하자. 거기까지가 나의 역할인 것이다. 그렇다고 공직자로서 갈등을 피하고 직위에 연연하면서 자신의 의견을 적극적으로 개진하지 못하고 전전긍긍하면 안 된다. 국민과 이해당사자들의 이익을 위해 당당하고 적극적으로 업무를 추진하는 자세가 필요하다.

건강한 것도 실력이더라

저출산·고령화 시대를 맞아 출산장려 확대정책으로 정부와 지자체, 공공기관이 직원의 복지 증진을 위해 각종 복지제도를 시행하고 있다. 특히, 병가(病暇)는 기관의 성격과 직원들의 성향에 따라 운영 방식이 조금씩 달리 적용되면서 부작용도 발생하고 있다.

공식적인 병가 사유로 인정받을 수 있는 것은 '질병 또는 상해로 업무 수행이 현저히 곤란한 경우'로 한정하고 있지만, '현저히 곤란한 경우'를 자의적으로 해석하는 경향이 나타나면서 심한 감기 몸살이나 정기 진료 시 병가를 사용하는 사례가 발생해 직원들의 불만이 표출되기도 한다. 평소 건강하고 아프지 않아 일 년 내내 병원 갈 일 없는 사람이 역차별이나 형평성 문제를 제기하면서 정작 병가를 내야 할 사람이 괜한 오해를 받고 구성원 간 불신이 발생하면서 제도를 강화하는 계기가 되곤 한다.

보의(연) 기관 행사에서 선배는 후배에게, 후배는 선배에게 하고 싶은 말을 포스트잇에 써서 게시판에 붙이는 퍼포먼스가 있었다. 그때 필자가 '건강한 것도 실력이더라!'라고 써서 붙였더니 많은 직원이 "맞아요!" 하고 크게 공감해 줬다. 필자 역시 힘든 적도 많고 포기하고 싶을 때도 많았지만, 지금의 자리에 오르기까지 여러 난관을 버틸 수 있었던 것은 가족을 지켜야 한다는 사명감과 그 자리에 꼭 필요한 사람으로 인정받기 위해 노력한 것도 있지만, 뭐니 뭐니 해도 건강했기 때문이다. "아무리 재산이 많고 실력이 있어도 건강을 잃으면 아무 소용이 없다"는 만고의 진리를 알고 있으면서도 간과하는 것이 그것이다.

아프지만 참고 나와서 일해야 하는 상황이 발생할 수 있고, 다리가 골절되거나 감염성 질환, 심한 몸살감기 등으로 출근하지 못할 수도 있다. 또, 밝히고 싶지 않은 질병으로 직장에 나올 수 없는 상황도 있을 수 있다. 이럴 때마다 병가를 사용하는 것은 건강한 사람들에게는 역차별이고 형평성의 문제를 제기하는 것이 이해된다.

필자는 병가를 낼 수 있는 상황이 아니어서 주로 개인 휴가를 썼다. 그래도 연말이면 사용하지 않은 휴가가 남아 있었다. 생명(연)에서 한창 주가를 올리던 40세 때 어느 날 급성폐렴으로

집 근처 병원에 입원했는데 열이 떨어지지 않아 심각한 지경에 이르러 병원을 옮겼다. 그 병원에서도 여러 치료를 시도했지만 결국 마지막 항생제를 투약하면서 이번에도 열이 떨어지지 않으면 잘못될 수도 있다는 통보를 받았다. 하지만, 병원의 책임이 아니라는 일종의 사망선고나 다름없는 '확인서'에 아내의 서명을 요구했다.

그 후 다행히 병세가 호전되어 퇴원했는데, 그때 30일 정도 병가를 사용했다. 이럴 때 쓰는 것이 병가다. 그러다 보니 "건강한 것도 실력이더라!"는 말은 필자만의 생각은 아닌 듯하다. 이렇게 몸이 아파도 실무자로서 걱정되는 것은 어제까지 하던 일이나 오늘 나가서 마무리하고 보고해야 하는 일이 있을 수 있다. 또 기한을 두고 처리하던 일을 기한 내에 마무리할 수 없게 되는데, 결국 그 일은 동료나 팀장이 처리할 수밖에 없다. 아니면, 그 일은 상당 기간 미뤄지면서 팀이나 기관에 안 좋은 결과로 이어질 수 있어 팀장이나 부서장은 어떻게 해서라도 조치해야 한다.

아플 때는 몸 추스르는 것이 우선이라고 하지만, 자기 역할을 다하지 못하면서 인사 평가에 불이익을 받지 않을까 걱정하는 것이 사실이다. 결국, 건강하고 일 잘하는 직원이 실력 있는 직원이다. 기관에서는 인사 평가나 승진 심사 때 이런 직원들이 불이익을 받지 않도록 세심한 배려가 필요하다. 건강하면서 동료들에게 피해 주지 않고 일도 잘하는 직원이 인사 평가도 잘 받고 승진도, 보직도 잘 받을 수 있으면서 기관의 성과에 큰 역할을 하는 것은 당연한 일이다.

직장생활 하면서 한 방은 없다

사람을 표현할 때 지식의 양이나 인간성, 리더십, 포용력 등을 고려하여 그릇의 크기로 비유하기도 한다. 이것은 같은 공간에서나 다른 단체 소속임에도 함께 일하고 대화하면서 서로를 평가하는 표현이기도 하다. 이렇듯 사람은 저마다 다른 크기의 그릇을 갖고 있다. 그릇의 크기는 태어날 때부터 정해져 있는 것이 아니라 살아가면서 계속 변한다. 속이 좁거나 옹졸한 사람, 간이 콩알만 해 배짱도 없는 사람을 간장 종지보다 못한 사람이라고 표현한다. 그런가 하면 배포가 커서 과감한 면도 있고 포용력이 있어 사람을 품을 줄 아는 사람을 강이나 바다, 큰 산에 비유하기도 한다.

사람들을 배려하고 스스로의 역량을 키워 가면서도 자신을 낮출 줄 아는 사람은 자신의 그릇도 함께 커진다. 하지만, 자신의 이익을 먼저 생각하고 남을 배려할 줄도 모르면서 자기 역량을 강화하는 데 소홀하다 보면 옹졸하다는 평을 들으며 작은 그릇으로 살아갈 수밖에 없다.

우리 삶은 도전의 연속이다. 엉금엉금 기던 아이가 스스로 일어나야 아장아장 걸을 수 있고 또 걸어야 뛰는 것처럼, 도전을 통해 자신의 역량을 키우고 세상을 품을 수 있는 그릇이 되길 바란다.

하고 싶은 게 있다면 그리고 간절히 원하는 게 있다면 주저하지 말고 지금 바로 시작하자. 할까 말까 망설이거나 두려워서 지나치게 조심하면 그 결말은 뻔하다. 뭔가 시도라도 해야 경험도 결과도 남는 것이다.

늦은 만큼 조급함도 있겠지만 그렇다고 서두르지도 마라. 직장생활 하면서 한 방은 없다. 꾸준한 자기계발과 함께 한 발 한 발 내딛다 보면 위험도 따르겠지만 분명히 성과도 있을 것이다. 그러면서 나의 역할에 따른 그릇의 크기는 달라질 것이다. 지금 여러분이 읽고 있는 이 책도 3년 넘게 걸려 완성한 것이다. 직장생활로 월급 받아서 부자 된 사람은 흔치 않다. 시간을 두고 차근차근 준비하자. 서둘러서도 안 된다. 내가 잘하는 것을 찾아서 하나씩 준비해 나가자.

상처와 실패는 예방주사?

방송인 김국진 씨가 한 예능프로그램에서 대학생을 대상으로 한 강연 내용 중 의미 있는 대목이 생각난다.

"아기가 걷기 위해서는 2천 번 이상 넘어져야 걸을 수 있다고 합니다. 2천 번 넘어져야 겨우 걷는데, 뛰는 과정에서는 또 얼마나 많이 넘어지고 아파야 할까요?"

이 아이가 자라서 학교도 가고, 놀기도 하고, 여행도 가고, 취업하고, 승진하고, 성과도 내야 할 텐데 얼마나 더 넘어지고 아파야 제대로 성장했다고 할 수 있을까? 살면서 실패 한 번 안 하고, 가슴 한 번 아파 보지 않고 성장할 수 있을까?

성장하면서 좀 넘어질 수도 있는 것이 우리 삶이다. 넘어져서 무릎 좀 까졌다고 자책할 필요도 없다. 뭔가 도전해서 달성하지 못했다고 실패한 것은 아니다. 누구나 실패할 수 있다. 그렇다고 약해질 필요도, 우울할 필요도 없다. 그 과정을 통해 성공에 한 발 다가가는 것이다.

아픈 만큼 성장한다는 말이 있다. 그럴 때마다 내 삶에 새로운 나이테를 하나 그었다고 생각해 보자. 나이테는 계절을 지나면서 좁기도 넓기도 하면서 나무는 굵어지고 튼튼해진다. 나이테가 촘촘하지 않은 나무는 약해서 쉽게 부러지고 좋은 목재로 사용하지 못한다.

우리 역시 마음에 상처 한 번 없이, 실패 한 번 해 보지 않은 사람이 성공할 수 있을까? 또 몸에 상처 하나 없는 사자는 자신뿐 아니라 가족도 무리도 지킬 수 없다. 아무리 작은 먹잇감이라도 최선을 다하지 않으면 맹수의 왕 사자도 굶어 죽을 수 있다. 대한민국 축구의 신화라고 할 수 있는 차범근, 박지성, 손흥민 선수가 경기하면서 축구공에 한 번도 안 맞아보고, 안 넘어지고, 다리에 상처 하나 없이, 발가락에 굳은살 하나 없이 그 명성을 얻지는 못했을 것이다.

축구뿐만 아니라 어떤 종목의 스포츠라도 다치지 않고, 패해보지 않고 우승할 수는 없다. 특히, 축구나 농구에서 승리하려면 상대편 골대에 골을 넣어야 한다. 그러기 위해서는 상대방 골문 근처까지 공을 몰고 가야 한다. 하지만 상대방 수비수 역시 골이 그냥 들어가도록 놔두지 않기 때문에 태클과 몸싸움 등 모든 악조건을 물리쳐야 겨우 '슈팅의 기회'가 찾아온다.

직장인은 입사하기 전부터 다양한 노력을 기울이는데, 12년 이상 정규 교육을 받는 동안 성적 관리와 봉사활동, 인턴 등의 경험과 경력을 쌓아 취업한다. 그 과정에서 마음고생 한 번 하지 않고, 밤잠 한 번 설쳐 보지 않고 성적이 쑥쑥 오른 사람 없고, 한 번에 척! 합격한 사람 많지 않을 것이다. 잠을 많이 자고 게으른 사람이 결코 좋은 성적을 거두기 어렵듯이, 좋은 대학 가는 것은 더 어렵다. 더군다나 취업은 같은 학년이나 같은 학과생과의 경쟁이 아니고 전국의 취업 준비생과 겨루는 제일 어려운 경쟁이다.

세상 이치가 그렇듯이 그 과정이 없었다면 자기가 원하는 대학도 못 가지만 노력과 고통 없이 좋은 성적은 없고, 본인이 원하는 취업도 어렵다. 그렇게 어렵사리 취업해도 기본적인 업무 성과와 인사 평가, 승진이 만만치 않다. 직장생활을 잘 모르는 사람은 출근만 하면 그냥 월급 받는 줄 안다. 그리고 연예인들이 별 노력 없이 외모와 재능만으로 돈을 버는 것 같지만 그 뒤에 숨은 노력은 공개되지 않아 쉽게 버는 줄 안다.

이렇게 성장하는 과정에서 발생하는 마음의 상처들은 내 몸 안에 면역력을 높이면서 성과와 실적을 쌓아 금전적 혜택과 승진, 행복을 가져다 준다. 중요한 것은 사람이든 동물이든 미생물, 그리고 풀 한 포기라도 그저 자라지 않는 것처럼 세상 어느 것 하나도 노력 없이는 얻을 수 있는 것이 없다. 그 과정에서 실적이나 성공, 돈, 명예는 따라오는 것이고 그것이 우리 인생사라고 생각한다.

직장생활 하면서 앞에서 이야기한 힘든 과정 없이 잘나가는 사람이 혹시 있다면 누구나 해 보고 싶은 희망 사항일 것이고, 누군가가 쓴 소설 속, 또는 드라마나 영화에서나 나올 수 있는 꿈 같은 이야기(Fiction, 허구)가 될 것이다.

물론 태어났는데 아버지가 대기업 사장이고 할아버지는 회장님인 금수저도 있다. 그렇지만 그 반대의 사람이 더 많고, 상처 없이 성장하는 사람은 아무도 없다는 것을 잘 알고 있다. 넘어져 본 사람, 실패해 본 사람은 거기서 멈추지 마라. 그 상처와 실패는 새로운 미래를 위한 예방주사이고, 성공을 위한 에너지가 될 것이다.

신기한 것은 사람이 다치거나 어느 한 부분이 고통받으면 바로 엔도르핀(endorphin)이 나와 스스로 치유가 된다. 일종의 마약 성분 같은 것인데, 그것이 우리 몸속에서 자연 분비되기 때문에 곧바로 정상으로 돌아오는 것이다.

우리 직장에도 엔도르핀이 있는가?

　살아 있는 생물체는 나름의 메커니즘(사물의 원리나 구조)이 있어 생명체의 탄생과 성장 전 과정을 관리하는 기능이 있다. 국가나 직장, 소규모 단체에도 엔도르핀 같은 기능을 가진 구조화된 기능이 있다고 생각한다. 사람의 고통을 일시적으로 완화해서 정상적인 행동을 이어 가도록 돕는 것이 엔도르핀이라면, 업무 수행 과정에서 직원 간의 작은 의견 차이로 마찰이 생긴다면 동료나 팀장 등이 그 문제를 해결하기 위해 동분서주한다. 담당자 간 의견 충돌에 대한 해결책 마련을 위해 엔도르핀 같은 역할을 하는 것이다. 그것도 마찰 정도에 따라 부서장이나 임원급, 기관장 등이 개입해서 해결할 것인지, 팀원 간 대화를 통해 해결할 것인지 판단하고 대응한다. 후자의 경우라면 굳이 팀장까지 나서지 않아도 되지만, 결과를 생각했을 때 가담 범위나 수준, 방법 등을 팀장은 빨리 예측해야 한다.

　그런데 담당자 간의 마찰로 시작했지만 해결하려 하니 상황이 생각보다 크고 결과도 조직에 미치는 바가 중대할 경우 더 많은 관심과 노력, 더 많은 에너지를 쏟아야 한다. 그래서 신속한 의사결정과 책임을 위해 고위직이나 대표도 참여하는 대책회의를 개최해서 대응 방안을 마련한다. 엔도르핀을 강력하게 분출하면서 큰 충격을 완화하고 대응책을 마련하는 일련의 과정이 그 역할이라고 할 수 있다.

　여러분의 직장에서도 "그만두고 말지!" "당장 때려치워야지!"

하면서 언제든 사직서를 던지고 나올 거라는 말을 수없이 할 만큼 팀원 간 갈등, 부서 간 갈등, 상사와의 갈등을 겪으며 내가 없으면 직장이 안 돌아가길 바라지만, 배가 아플 만큼 직장은 잘만 돌아간다. 개인적인 사유로 장기간 휴가를 내거나 몸이 아파서 병원에 장기 입원해도 직장은 별일 없다. 왜 그럴까? 그것은 우리 몸에서 엔도르핀이 나오듯 조직도 마찬가지라고 생각한다. 잠시 혼선은 있을 수 있지만, 팀원 중 누군가 그 일을 하거나 팀장이 누군가 그 일을 할 수 있게 응급 처방하면서 조직은 정상적으로 운영된다.

호르몬이 몸에 맞게 잘 나온다는 것은 건강하다는 증거다. 그래서 이 호르몬이 잘 나오게 하려면 꾸준히 건강 관리를 잘해야 한다. 조직도 그런 과정을 거쳐 성장하는 것이고, 건강한 조직을 위해서는 규정과 절차가 제대로 갖춰져 있고 시스템으로 작동되는 직장이라면 부서장이 몇 개월 없어도, 팀장이 잠시 자리를 비워도 충분히 돌아간다. 이런 직장은 기관 차원의 엔도르핀이 유기적으로 잘 작동되고 있는 것이다.

내 편이 아니더라도 적은 만들지 말자

직원(A)이 동료(B)의 언행이 못마땅해서 같은 공간에 있기 싫고, 목소리도 듣기 싫다며 해결을 요청한다면 어떻게 대응할 할 수 있을까?

여러분이 관리자라면 어떤 조언을 해 줄 것인가? "무시해라." "모든 사람과 잘 맞을 수는 없지." "그 생각은 그만두고 일에만 집중해라." "당사자와 대화로 해결하라." "타 부서로 이동 배치해 주겠다." 이런 이야기를 할 수 있을까?

취업 플랫폼 잡코리아가 직장인 1,056명을 대상으로 '슬기로운 직장생활을 위해 선호하는 동료 유형'에 대해 설문 조사한 결과 '함께 일하고 싶은 동료 유형'으로 '인성 좋고 협력 잘되는 동료'를 선택한 직장인이 평균 62.3%(복수응답)를 차지했다. 이어 '눈치 빠르고 융통성 있는 동료'(39.8%), '전문지식과 업무 능력이 뛰어난 동료'(38.1%) 순이었다(데일리안 2022. 7.).

필자도 언젠가 점심을 먹고 사무실에서 동료와 커피를 한잔하며 자리에 없는 직원에 대해 문제가 있다는 식의 이야기를 나눈 적이 있다. 한참 그 친구에 대해 이런저런 부정적 이야기를 하고 있는데, 그가 사무실 뒤쪽에서 잠을 자다가 우리 이야기를 듣고 참지 못해 나왔다. 이때 필자와 동료는 그 자리에서 진심으로 사과했고, 그 친구 역시 평소 자신의 좋지 않은 행동에 대해 사과하면서 일단락됐다. 그때, 당사자가 없을 때는 절대로 뒷담화를 하지 않겠다는 결심을 했다.

직장생활 하면서 상황에 따라 누군가를 미워할 수도 있다. 하지만, 누군가를 미워하면 내 몸에 오히려 나쁜 영향을 미칠 수 있으니 바로 중단하기 바란다. "사람을 때리더라도 얼굴은 피하고, 남을 비난하더라도 단점을 들춰내지 말라"는 말이 있다. 구성원과 원만한 관계를 원한다면 상대가 상처받을 수 있는 말은 하지 않길 바란다. 내가 누군가의 뒷담화를 하면 누군가도 언제든 내 뒷담화를 할 수 있다는 것을 잊지 마라.

상대의 자존심을 상하게 하는 말을 하는 순간 일이 커지게 된다. 칭찬하는 말은 그 대상이 없을 때 해도 긍정적 효과가 나타나지만, 비방은 신중해야 한다. 그 화는 결국 부메랑이 되어 남들이 나에 대한 부정적인 인식으로 이어질 수 있다. 반대로 다른 사람을 칭찬하면 오히려 남들이 나를 칭찬하는 일이 많아지게 된다.

누군가를 미워하는 시간에 나의 발전을 도모하는 일에 힘쓰길 바란다. "칭찬에는 발이 달렸지만, 비난에는 날개가 달렸다"고 한다. 그만큼 남을 비난하거나 미워하는 말이 멀리 가고 빨리 퍼진다는 것을 잊지 말자. 나를 열렬히 지지하는 내 편이 아니더라도 최소한 적은 만들지 말아야 조직 생활, 사회생활이 순탄해진다.

함께 점심 먹을 사람 있나요?

살면서 '혼밥' 한 번 안 해 본 사람 있을까? 2023년 여성가족부 가족 실태조사 결과를 보면 인구 구조 변화에 따라 1인가구 수가 2020년에 30.4%였던 것이 2023년에 33.6%로 증가했다. (2024. 4. 17.) 통계에 따르면 2023년 총인구수 5,132만 명을 기준으로 1,700만 명 이상이 혼자 산다는 것이어서 개인 취향이 우선시되는 시대에 혼밥, 혼술은 새삼스러운 일도 아니다.

하지만, 많은 사람이 북적이는 유명 맛집이나 패밀리 레스토랑, 고깃집, 술집이라면 얘기가 달라진다. 왜 거기까지 가서 혼자 먹느냐고 물어볼 수도 있지만, "먹고 싶어서 가는데 무슨 이유가 필요하냐?"고 반문할 수도 있겠다. 군중 속에서 고독과 여유를 즐길 줄 아는 사람만이 혼밥, 혼술의 고수가 될 수 있을 거라고 생각한다. 그렇다면 직장에서는 어떨까?

미국 드라마나 영화를 보면 직장인들은 구내식당을 이용하거나 직장 근처 식당을 이용하는 모습을 볼 수 있다. 실제로 그들이 사용하는 평균 점심시간은 36분이라고 한다. 그런가 하면 사무실에서 샌드위치나 간단한 도시락으로 10여 분 만에 허기를 채우고 바로 일하는 문화다. 혼자 식사하는 경우가 많고 주변 사람들을 신경 쓰지 않는다(뉴스페퍼민트, 2022. 6. 22). 이들은 팀 동료라고 해서 반드시 점심을 같이 먹어야 하는 것도 아니고,

'일을 빨리 끝내고 먼저 퇴근하고 싶거나' '동료들과 같이 먹는 것을 시간 낭비라 생각하면 혼자 먹을 수도 있다'고 한다.

또, 사무실이나 휴게실에서 혼자 먹는다고 해서 아무도 어색하게 생각하지 않는다. 우리 같으면 "왜 혼자 먹어? 청승맞게! 우리랑 같이 먹자"라고 물어볼 텐데, 이들은 아예 물어보는 사람도 없단다(https://disenadora.tistory.com, 다 커서 이민 온 미국 직딩:티스토리).

이들은 우리가 12시 되기 전에 삼삼오오 밥을 먹으러 나가는 모습을 보면 놀랄 수도 있고, 그 시간에 건물 엘리베이터 앞에 점심 먹으러 나가는 사람들이 몰려 있는 모습을 보면 '유별나다'고 할 수도 있지만, 우리는 혼자 밥 먹는 것을 유독 꺼리는 것 같다.

그런데 필자가 근무한 생명(연) 구내식당(대전 대덕연구단지 내)이나 보의(연) 구내식당(충무로 공동 구내식당)에서 혼자 밥 먹는 사람을 보면 구석이나 사람들이 다니는 통로를 등지고 먹는다. 또 자리가 없어 식판을 들고 기다리고 있으면 참 난감하다. 겨우 자리를 잡아도 먹는 내내 혹시 아는 사람을 마주치지 않을까 전전긍긍한다. 혼자 가는 사례는 많이 본 적이 없는데, 혼자 먹는 직원은 아는 사람 마주치는 것이 부담스러워 고개를 숙이고 대충 먹고 나간다. 필자도 그런 경험이 있다.

이렇게 우리나라 직장에서 혼자 점심을 먹는 것이 아직은 어색하다 보니 출근하면 함께 점심 먹으러 갈 사람을 섭외하거나 이미 약속을 잡은 사람은 어디로 갈지, 어떤 음식을 먹을지를 정하느라 신경을 많이 쓴다. 평소 식사를 같이하는 사람은 대부분 정해져 있지만, 업무와 관련된 협조 부서 담당자들과 관계를 잘 유지하기 위해 대상을 바꿔 가면서 식사하는 것이 자연스럽다.

주로 점심을 함께 먹는 사람(점심 멤버)은 평소 대화가 잘 통하는 동년배나 입사 동기, 대학 동문, 또는 고향 출신 선후배들이다. 이 멤버와 식사가 안 될 때는 팀 동료와 해결하기도 한다. 점심시간은 12시부터지만 대부분 비슷한 시간대에 나가면서 식당에 줄을 서야 먹을 수 있어 조금 일찍 나가는 게 일반적이다. 외부 식당은 좀 덜 붐비지만, 구내식당은 줄을 서는 것이 자연스럽다.

이렇게 점심을 함께 먹는 것은 밥 이상의 많은 것을 얻을 수 있어 선호하는 것 같다. 사무실에서 나누는 대화는 거의 업무 관련 이야기지만, 밥을 먹으면서는 서로의 관심 분야나 취미, 최근 다녀온 여행 이야기, 음악회나 영화, 드라마, 사회 이슈 관련 등 업무와 관련 없는 이야기를 하면서 더 가까워지고, 좋은 정보를 공유하기도 한다. 한 번의 식사로 오래 만난 사이처럼 친밀감도 생기고, 서로 팀이나 부서 사정을 이해할 수 있는 계기도 된다. 뿐만 아니라 그동안 특정 직원이나 특정 업무에 대한 오해도 풀 수 있는 기회가 될 수도 있다. 하지만, 친하게 지내다 보면 생각지 않은 문제를 일으킬 수도 있는데, 우연히 누군가의 뒷담화를 하면서 안 좋은 소문을 퍼트릴 수도 있으니 주의가 필요하다.

직장에서의 식사 문화는 특정 프로젝트를 완수하거나 행사가 마무리됐을 때, 신입 직원이 들어오거나 오래 근무한 직원이 퇴직할 때, 직원 생일이나 승진 축하 등 다양하다. 그러면서 구성원들과 친해지는 시간이 된다. 정치권에서도 중요한 이슈를 해결하기 위해 오찬(점심)이나 만찬(저녁) 자리에서 서로 오해도 풀고 친목을 다지기도 하지만, 평범한 직장인의 식사는 구성원 간의 유대 관계를 형성하는 자연스러운 모습이라고 할 수 있다.

식사는 인맥 형성과 친목을 다지는 자리로 많이 이용한다. 식사 한 번 같이했다고 관계가 계속 유지되거나 더 좋아지지 않을 수도 있다. 물론 더 나빠지지도 않는다. 업무를 수행하다가 협조 부서 담당자를 잘 모르거나 내가 부서를 옮겨 처음 하는 일, 또는 나와 관련된 다른 부서 담당자가 바뀌었을 때 그들과의 관계를 돈독하게 하는 것이 중요하다. 또, 관계가 좋아 업무에 어려움이 없어야 일하기 편하므로 관계 유지를 위한 식사는 필요하다고 생각한다. 그러려면 상대의 일정 확인과 어제는 무엇을 먹었는지 확인해서 겹치지 않도록 하고 식당도 미리 알아보는 것이 좋다.

혼자 먹는 점심은 어색해?

팀장 시절 회의 참석하고 이 사람 저 사람 분주히 만나다 보면 식사 멤버들로부터 "저는 오늘 점심 약속이 있어 먼저 나갑니다! 맛점하세요"라는 카톡을 확인하지 못하는 경우가 있다. 이때 사무실을 둘러보니 팀원들도 다 나가고 없어 난감했다. 혼자 나가서 먹기도 그렇고, 구내식당 가기도 어색해서 점심을 거르기로 했다. 잠시 배고팠지만 조금 지나 업무에 집중보다 보니 괜찮아져서 퇴근하고 저녁을 먹었다. 이때부터 점심 단식을 하기로 하고 먹지 않았더니 주변에서 난리였다. "무슨 일 있는 거냐?" "몸이 안 좋아서 단식하는 거냐?" "단식은 점심보다 저녁을 해야 효과가 좋다!" 하며 걱정과 유혹이 있었지만 6개월간 이어졌다. 아침 7시와 저녁 7시, 약 12시간 주기로 식사를 하니 규칙적인 식사도 되고 2개월여 지나니 속도 편해지고 다이어트도 되었다. 어쨌든 혼자 점심 먹는 것이 어색해서 시작한 점심 다이어트가 효과는 있었다.

지병이 있어서 어쩔 수 없는 상황이 아니라면 직장생활 하면서 식사 멤버를 2명 이상 지정해 놓으면 좋다. 3~4명도 괜찮은데 그 이상 되면 요일별로 나누면 좋다. 팀원과의 식사가 아니라면 점심시간마다 5~6명이 몰려다니는 것이 사람들 눈에 좋게 보일 리 없다. 보의(연)에서 점심을 혼자 먹는 한 직원이 있었는데, 그는 하루 근무 중 자신을 위해 쓸 수 있는 소중한 시간이라면서 직장 주변을 산책하다가 적당한 곳에서 식사하고 들어온다고 했다.

한 번은 그 직원 소속 팀에서 시간도 절약하고 정보도 공유할 겸 점심시간을 이용해 일주일에 한 번 '미니 세미나'를 한다고 하자, 그는 팀장을 찾아가 "점심시간은 나의 자유시간인데 그 시간을 뺏으면 어떻게 합니까?" 하며 참석할 수 없다고 했다. 기관으로서는 개인의 자유시간을 보장해 줘야 해서 '미니 세미나'를 취소한 것으로 안다.

별도의 약속이 없는 날은 기존 멤버와 식사하고, 어쩌다 혼자 먹는 상황이 생기더라도 어색해할 일은 아닌 것 같다. 나 혼자 어색할 뿐이지, 아무도 신경 쓰지 않으니 당당하게 도전해 보자. 또, 배달 시스템이 잘 구축된 우리나라에서는 먹고 싶은 음식을 주문하면 사무실까지 배달해 주니 굳이 식당을 찾아가지 않아도 된다. 혼자 먹든 같이 먹든 점심시간 30~40분 전에 주문하면 원하는 장소로 배달이 되니 혼밥도 좋고 여럿이 먹는 것이 가능하다.

서로 친해지기도 하고 협조할 일이 많은 직원과 소통하기 위한 가장 좋은 방법이 식사다. 누구를 알고 있는 것도 중요하지만, 누구와 식사하느냐도 중요하다. 그러면서 한 달에 한 번 정도 혼자 밥 먹는 날을 정해 자신을 돌아보고 앞으로의 일을 점검해 보는 기회로 삼아보면 어떨까? 회사 근처 분위기 좋은 카페에서 음악 들으며 커피도 마시고, 어느 날은 김밥 한 줄 사서 가까운 공원을 산책하면서 나 자신이 한층 성숙해지는 날이 되길 바란다.

나의 길을 향해서!

공공기관에서 무탈하게 오래 근무하고 정년까지 가는 방법은 무엇일까? 필자가 조직 생활을 잘했다고 할 수는 없지만, 그동안 느낀 것 중 하나가 조직 생활을 잘하는 사람들은 나름의 루틴이 있거나 그들만의 특징이 있다. 이들은 옷이나 머리, 신발 등 겉모습이 언제나 정돈되어 있다. 말할 때는 차분하고 논리적이면서 설득력 있어 신뢰가 간다. 의사결정이 끝나면 곧바로 행동으로 보여 주면서 주위 사람들을 따르게 한다. 상황이 아무리 급하고 과열돼도 흥분하지 않고 침착하게 상황을 이끌고 자기 의견을 논리적으로 펼쳐 나간다.

또 자신에게 부여된 역할과 일은 똑 부러지면서 말이 아닌 행동으로 인정받는다. 아무리 말을 잘하고 성격이 좋아도 일을 못하면 신뢰받기 어렵지만, 일로만 인정받으려는 사람은 구성원들이 가까이하지 않는다. 능력 있는 사람은 일도 잘하지만 사람들에게 인간적으로도 인정받아 조직 생활도 순조롭다.

나영석(프로듀서, CJ ENM) PD는 KBS 1박2일, tvN 꽃보다 할배, 신서유기, 삼시세끼 등의 프로그램을 만들면서 출연료가 아깝지 않은 연예인 1위로 은지원(가수, YG엔터테이먼트) 씨를 꼽았다. 그는 유튜브 채널 '나영석의 나불나불'에서 은지원은 자신이 가장 빛나려 한 적이 없고, 말을 많이 하지도 않고, 주목받기 위해

눈살을 찌푸리지도 않으면서도 늘 자기 몫을 하는 사람이라고 했다.

우리 주변에도 화려한 언변으로 자기 능력을 과시하는 사람이 있는가 하면, 조용하면서도 차분하게 자기 역할을 묵묵히 해내는 사람이 있다. 그들의 진가는 짧은 시간에 드러나지 않고, 자기만의 철학과 방법으로 팀이나 조직에 꼭 필요한 결과를 만들어 내면서 인정받는 사람이다. 그는 화려하거나 잘나지 않아도 자신만의 삶과 패턴으로 변함없이 그 자리를 지키고 있는데, 겸손함과 예의도 갖추고 있어 언젠가 조직이 알아 주고 인정하는 그런 날이 꼭 올 거라고 생각한다.

필자는 그동안 생명(연)에서 국가 과학기술 발전을 위한 작은 역할을 했다면, 보의(연)에서는 국민 보건 향상을 위한 공정하고 투명한 행정 업무를 수행해 왔다. 생명(연)에서 약 20년간 행정 업무의 기초를 다졌다면, 그것을 기반으로 보의(연)에서는 기관 설립 업무에서부터 기관의 안정화와 두 번의 사옥 이전, 그리고 지금에 이르기까지 15년간 다양한 분야에서 나의 능력을 충분히 발휘했다고 생각한다.

때로는 사소한 실수로, 때로는 불가피하게 선이행 후 조치한 것이 상급 기관 감사에서 '주의' 처분을 받은 적도 있지만, 그것을 두려워해 직원들에게 불편함을 주고 싶지 않았다. 이후 나의 처신을 오히려 직원들이 감사해하는 계기가 되었다. 35년 동안 공공기관 행정 업무를 하면서 징계가 무서워 소극적으로 업무를 수행하지는 않았다. 절차가 잘못돼 규정을 어기면서 직원들에게 피해가 간다면 과감하게 절차를 변경하면 될 일들이었다.

이럴 때 징계가 두려워서 직원들에게 피해를 주는 것은 담당자로서 자격이 없다고 생각한다. 업무를 수행하며 개인적 욕심이 아닌, 기관과 직원의 이익을 위해 처신하다 징계를 받은 것은 담당자로서 훈장이라고 늘 생각해 왔다. 그 훈장 하나 없이 깨끗함을 부각하면서 정년을 맞는 것이 자랑스러워할 일은 아니기 때문이다.

"길이 없으면 어떻게 해야 합니까?" 드라마 '대행사'에 나오는 대사다. 이 질문에 독자는 어떻게 대답할까? 대부분 길을 만들어야 한다고 대답할 것이다. 하지만 드라마에서는 "하던 일을 묵묵히 하라"고 한다. 그러다 성공하면 다른 사람들이 그것을 길이라고 한다. "아는 만큼 똑똑하고 하는 만큼 성과를 낸다"는 말이 있다. 내가 많이 준비하고 열심히 한다면 언젠가 기회가 오고, 앞으로 펼쳐질 모든 상황이 나에게 불리하지만은 않다는 것이다. 상황이 어렵다고 어려운 티를 내지도 마라. 그냥 어금니 꽉 깨물고 가던 길 가고, 하던 일 계속하면 언젠가 나의 길이 열리고 사람들은 그 길을 따라올 것이다.

우리가 성장하기 위해서는 지금 위치에서 새로운 위치(단계)로 이동하는 것을 두려워하면 안 된다. 그렇기 위해서는 열심히 살고 성실하게 살아야 하지만, 내가 가지고 있던 물질과 지위, 집착과 욕심을 버릴 줄도 알아야 한다. 그렇게 내가 가진 것으로 혜택을 받아 지금처럼 성장했다면 이제는 그것을 내려놓을 줄도 알아야 한다. 모든 것을 가지고 이동할 수는 없듯이 무엇을 간직하고 무엇을 버려야 하는지도 결정해야 한다.

새로운 일을 하거나 새로운 곳을 가기 위해서는 지금 있는 곳을 벗어나야 한다. 지금 내가 양손에 잡은 밧줄 중 하나를 놓아야 새로운 밧줄을 잡을 수 있듯이, 새로운 문을 열고 나가기 위해서는 기존의 문에서 나와 그 문을 닫을 때 새로운 기회와 문이 열리는 것이다. 이제는 필자가 그것을 행동으로 옮길 때가 된 것 같아 설레기도 한다.

내 이름으로 책 한 권 써 보자

공공기관은 매년 경영 평가를 받는다. 우리나라 공공기관 중 설립 목적이나 인력, 예산 등을 고려해 일정 규모 이상의 기관을 대상으로 매년 경영 성과를 평가하고 있는데, 이것이 '기관 경영 평가'다. 결과에 따라 차년도 예산이 삭감되거나 기관장 교체로도 이어지고, 우수기관에 대해서는 경영 성과 인센티브도 지급된다.

이 평가를 위해 공공기관은 매년 하반기부터 한 해 동안의 성과를 취합하고 정리해서 공기업과 준정부기관은 연말까지, 기타 공공기관은 다음 해 3월 말까지 보고서를 제출하고 이를 근거로 계량과 비계량 항목에 대해 현장 실사를 통해 평가받고 있다.

필자가 근무한 생명(연)에서는 경영 평가보고서 작성 팀에서 요구하는 자료를 건네 준 기억밖에 없고 보고서 작성에 깊이 관여해 본 경험이 없다. 보의(연)에서는 2011년 처음 예비 심사를 시작으로 보건복지부로부터 10번의 본 평가를 받았다. 이 중 2017년에 한 번 B등급을 받고 그 외 기간에 총 9번 A등급을 받았다. 매년 연말과 연초에 보고서 작성을 위해 팀별, 부서별 성과를 취합하고 복지부가 정해 준 서식에 따라 보의(연)을 포함한 23개(2024년 평가 기준) 기관이 성과보고서를 작성해서 제출하고 평가받는다.

같은 성과라도 어떻게 표현하느냐에 따라 심사위원들의 눈에 잘 띄기도 하고 성과가 없어 보이기도 하는데, 기관의 미션과 비전, 핵심가치, 전략과제 등을 중심으로 다양한 성과를 입체적으로 표현하기 위해 심혈을 기울인다. 기관의 목표 달성을 위해서는 부서 간의 협업도 중요하지만 그렇게 나온 결과물이 기관 목적에 부합하는지, 기관의 미션과 비전에 맞는 성과물인지 등을 약 100일 동안 작성하면서 직원들의 보고서 쓰기와 글쓰기 실력은 매년 향상되고 있다. 그것도 개인의 고유 업무를 정상적으로 수행하면서 작성하기 때문에 직원들은 예민해진다.

경험은 충분하다

이 과정에서 보고서를 쓰는 직원들은 자신의 업무에 더욱 정통해지는 계기가 되는 것은 물론, 팀 업무와 성과를 융합하는 능력을 기르고 자신의 업무를 효율적으로 표현하는 기술이 쌓이면서 생각을 글로 표현하는 능력이 수준급이다.

필자가 처음 취업한 80년대 말까지도 대부분 공공기관과 공무원 집단에서는 문서 작성을 대행해 주는 직원(타이피스트)이 있었다. 각 팀이나 부서별로 발생하는 모든 문서를 타자기로 작성해 주는 직원이 있어 그들을 통하지 않으면 문서를 작성할 수 없었다. 타자기 외에 80년대 중반까지 사용한 286 컴퓨터의 도스 프로그램으로 어설프게 문서를 작성했으나 기존 타자기보다도 기능이 떨어져 잘 사용하지 않았다.

그러던 것이 90년대 초 한글 워드프로그램의 등장은 획기적이었다. 대부분 민간기관이 MS오피스에서 제공하는 워드프로세스를 이용해 문서를 작성하는 반면, 공공기관과 공무원들은 정책적으로 한컴오피스 프로그램을 활용하면서 1인 1PC가 공급되고 많은 공직자가 문서 작성을 스스로 하게 되었다.

그 후 30여 년이 지나면서 공직자의 문서 작성 실력이 향상되었다. 결국, 남는 것은 말이 아니라 글이라는 점을 고려하면 '내 생각을 글로 써 볼까?' 하는 생각이 들 수 있을 것이다. 그러면서 계획서와 보고서, 각종 기획서 등 다양한 문서 작성 경험이 내 이름으로 책 쓰기를 시작할 수 있는 충분한 경험과 조건이 되었다고 생각한다.

필자 역시 『당신을 읽다』(2015) 출간 이후 몇 권의 책을 썼고 지금도 쓰고 있지만, 그동안의 경험과 경력이 바탕이 되었다고 말할 수 있다.

일단 시작해 보자

많은 사람이 글쓰기가 어렵다고 한다. 소설이나 수필은 좀 다르지만, 그렇다고 글쓰기에 특별한 기술이나 비결이 있는 것은 아니다. 필자도 2015년 첫 번째 책을 출간하기 전에 많이 고민했다. 책 쓰기 관련 책을 두 권 사서 읽어 봤지만, 글이 써지지 않았다. 실제로 써 보는 것만이 상책이라 생각하고 보고 느낀 것과 내가 관심 있는 것을 나름대로 정리하기 시작했다.

그러던 어느 날 자기계발을 위한 강좌(E-DISC 강사양성과정, 2012)를 듣고 함께 수강한 교육생들과 강의 내용을 정리해서 책을 쓰기로 했고, 수십 번의 미팅과 자료 정리, 워크숍, 교정 등을 거쳐 574일 만에 첫 번째 책을 출간(2015. 7. 15.)했다. 그 후 네 권의 책과 시집 한 권을 펴냈고, 이번이 다섯 번째 책이 된다.

일반인들이 글을 쓰지 못하거나 책 출간을 엄두도 못 내는 이유 중 하나가 컴퓨터를 잘 활용하지 못해서다. 옛날에 책을 쓰거나 드라마 원고를 쓸 때 원고지에 펜을 꾹꾹 눌러썼지만, 이제는 한글 오피스 프로그램이 나오면서 달라졌다. 필자의 지인 중에도 책을 내고 싶은 사람이 많은데 컴퓨터를 잘 다루지 못해

(일명 독수리 타법과 한글 프로그램 사용 불가) 시도하지 못하는 경우가 많다. 하지만, 직장인들은 컴퓨터를 활용해 직접 문서 작성을 하고 있으니 이것이 강점이라고 할 수 있다.

먼저 짧은 글부터 정리하는 연습을 하기 바란다. 평소 내 생각과 사람들에게 전달하고자 하는 메시지를 컴퓨터로 작성해서 저장해 두라. 관심 분야의 뉴스나 기고글 등도 찾아보고 그들은 어떤 내용을 어떻게 전개해 나가는지 살펴보라.

필자의 지인 한 분이 책을 내기 위해 자료를 모으고 생각을 정리해서 컴퓨터로 옮겨 적기 시작했다. A4 용지로 50여 쪽이 넘어가면서 정리한 것을 보니 도저히 책이 되지 않을 것 같아 포기했다고 한다. 처음부터 완성품을 생각하고 쓰면 쉽게 지치거나 포기할 수 있다. 그러니 처음 느낌이나 생각을 써서 저장하고 다음에 다시 정리하면, 이전에 생각하지 못했던 부분이 정리되고 새로운 생각을 덧붙이면 점차 분량이 늘어난다.

쓰고 싶은 주제나 키워드를 검색해서 남들은 어떻게 썼는지, 어떤 사례를 넣었는지 찾아보기 바란다. 일하다가, 길을 걷다가, 여행 중에도 떠오르는 키워드가 있거나 글이 생각나면 휴대폰 메모장에 메모하고 시간 날 때 하나씩 정리해서 컴퓨터에 저장해 두면 된다. 이것도 어려우면 생각날 때마다 녹음해서 정리하면 된다. 고민하지 말고 생각나는 대로, 손가락이 움직이는 대로 무조건 자판을 두드려라. 처음에는 형식도, 내용도, 일관성도 없고 엉성하게 시작하면서 "이것이 책이 될까?" 싶지만,

자료가 보완되고 양이 늘어나면서 이리저리 옮겨 붙이고 수정하다 보면 점진적으로 책의 형태가 만들어진다.

그러면 처음에는 전혀 예상하지 못한 생각도 떠오르고, 처음 시작했던 어투나 방향성이 바뀔 수도 있다. 초안을 생각하면 전혀 다른 글이 될 수도 있다. 그리고 책이 만들어지는 시점에는 초안이 거의 없다. 초안은 식물로 보면 씨앗이라고 할 수 있다. 그 씨앗이 땅에 떨어지면서 비를 맞고 땅속 영양분을 빨아들이면서 뿌리를 내리고 싹이 나오고 성장하면서 줄기가 나온다. 그 줄기는 비를 맞고 햇볕을 받아 날로 성장하면서 열매를 맺기 위해 꽃을 피우고 벌과 나비를 불러 꿀을 주면서 다른 종의 꽃가루를 만나 수정되고 열매가 만들어진다. 그 열매를 생각해 보면 처음 땅속에 뿌린 씨앗은 썩어 영양분이 되어 없어지는 것이다.

내가 처음 정리한 것은 씨앗이고 밀알이 되어 열매를 맺기 위한 시작점에 불과하다는 것을 잊지 마라. 열매가 맺었다고 모두 좋은 상품이 되지 않듯이 수확할 때까지 지극 정성으로 관리해 줘야 먹고 싶은 열매가 되는 것이다. 이것이 책이 되는 과정이라고 생각하면 된다.

그러니 일단 시작해 보자. 책 쓰기에 도움이 되는 것 중 하나가 주제와 관련된 뉴스나 신문 사설, 각종 칼럼 등을 정독하는 것이다. 거기에서 많은 정보와 재료, 아이디어를 얻을 수 있다. 신문기사와 칼럼은 글쓰기의 모범으로 글의 형식과 논리 전개를 참고하면 좋다. 중요한 것은 일단 시작하면 언젠가 내 이름으로 된 책이 나온다는 것이다. 다른 것 하지 않고 책만 쓴다면 3~4개월이면 가능하지만, 직장생활 하면서는 3~4년 정도 걸릴 수도 있으니 서두르지 마라. 조급한 마음에 서두르다가 지쳐서 포기할 수도 있다. 멀리 보고 조금씩 공부하면서 쓴다고 생각하기 바란다.

혼을 담아야 내 책이 된다

타고난 사람이 아니고는 처음부터 잘 쓴 글도, 베스트셀러도 없다. 그렇다고 내가 그런 사람이 되지 말라는 법도 없으니, 내가 쓴 책이 대중으로부터 인기를 얻으면 유명 작가가 되는 것이고 베스트셀러가 되는 것이다. 그러기 위해서는 좋은 소재로 좋은 작품을 써야겠지만 적어도 10번 이상은 교정해야 초고라고 할 수 있다. 그 과정에서 언어가 순화되면서 독자가 원하는 책이 될 수 있다.

필자가 처음 출간한 『당신을 읽다』 역시 여러 차례 스터디를 하고 수없이 고치고, 자료를 추가하여 원고 초안을 만들어 출판사에 넘기기까지 7번 교정을 보았다. 출판사에서 틀을 잡고도 3번 더 교정을 거쳐 책이 나왔다. 어떤 부분은 심혈을 기울여 정리한 것인데도 전체 맥락에 맞지 않아 통째로 폐기하거나, 좋은 의도로 시작한 부분인데 쓰다 보니 부정적인 메시지가 많아 다른 내용으로 보완해야 하는 일을 수차례 겪으면서 산모가 아이를 낳는 출산의 고통을 책을 내면서 조금이나마 느낄 수 있었다.

이렇게 각고의 노력이 있어야 제대로 된 글이 나온다. 내가 쓴 글이지만 얼마나 심혈을 기울이고 정성을 다해 수정하는가에 따라 책의 질이 달라진다. 자신의 혼(魂)을 불어넣는다는 심정으로 도전하길 바란다. 처음부터 베스트셀러를 위해 쓰는 사람은 없다. 또, 화가가 처음 스케치할 때 "1억짜리 그림을 그려야지" 하고 시작하지 않는다. 얼마나 정성을 들여 독자 관점에서 작품을 완성하는가에 따라 그 책의 품격이 달라질 것이다.

필자가 10번 이상 교정을 본다고 했지만, 이 책을 읽는 독자가 책을 쓴다면 그 이상의 교정이 필요할 수도 있다. 중요한 것은 '정성을 다하라는 것'을 잊지 않길 바란다. 그만큼 책의 질이 높아지고 독자가 만족하게 될 것이다.

● 에필로그

"오늘 점심은 뭘 먹을까요?"

"그러게 뭘 먹지?"

매일 점심시간에 사무실을 나서면서 직원들과 나누는 대화다. 다이어트를 위해 점심을 먹어야 할지 말아야 할지, 자장면을 먹어야 할지 짬뽕을 먹어야 할지, 매일 반복되는 점심인데 어제는 무엇을 먹었는지 생각이 안 나고, 오늘은 또 어떤 음식을 먹을지 선택해야만 하는 일상을 우리는 살고 있다.

행복 역시 충분하다고 할 수는 없지만, 예전보다 환경이 좋아지고 여유로워졌는데 행복하지 않다. 자유롭게 살면서도 원하는 만큼 누리지 못해 엉뚱한 곳에서 행복을 찾고 있는 것은 아닐까? 또 행복이라는 꽃말을 가진 '세 잎 클로버'를 밟으면서 행운의 '네 잎 클로버'를 찾듯이 적당히 행복함에도 그것을 느끼지 못해 행운만 찾으려 시간을 낭비하고 있는 것은 아닐까?

TV는 채널이 늘어나(0번~999번) 예전보다 볼거리는 더 풍성해졌는데 한 프로그램을 진득이 즐기지 못하고 계속해서 리모컨을 눌러대는 이유는 뭘까? 2002년 월드컵 때처럼(한국 4강) 세상이 뒤집혀야 사는 재미를 느끼는데, 그 후 세상 뒤집히는 일이 없으니 폭탄주를 마시고 내 위장을 뒤집고 있는 것은 아닌지, 자신과 주변을 돌아볼 필요가 있다.

지금 내 삶은 예전에 비해 풍요로워졌는데 왜 더 행복해졌다는 느낌이 안 들까? 배가 고픈 사자가 가젤(gazelle, 솟과 포유류) 한 마리를 발견하고 웬 횡재냐며 잡아먹으려고 했는데, 마침 그 옆에 가젤보다 큰 새끼 얼룩말 한 마리가 어미를 잃고 헤매는 것을 발견했다. 가젤보다 더 큰 먹잇감을 보자 사자는 가젤을 놔두고 새끼 얼룩말을 쫓기 시작했다. 사자가 맹렬히 추격했지만 목숨 걸고 달리는 얼룩말을 따라잡을 수 없었고, 곧바로 어미 얼룩말 무리가 나타나 결국 발걸음을 돌려 그 자리로 왔는데 가젤도 보이지 않았다. 가젤이 그곳에 있을 리 없다. 사자는 주린 배를 움켜쥐고 후회했지만 돌이킬 수 없는 일이다.

축구 경기를 보러 축구장에 갔는데 매표소가 하나뿐이고 사람들이 길게 줄을 서 있다면, 그 줄 맨 끝에서 표를 살 때까지 별 불만 없이 기다린다. 하지만 두 줄로 기다리는데 내가 선택한 줄의 진행 속도가 느리다면 어떤 마음이 들까? "이쪽은 왜 이렇게 안 줄어? 이러다 좋은 자리 다 팔리는 거 아냐? 저쪽으로 갈까?" 고민될 것이다.

두 사례에서 보듯 선택할 수 있는 것이 다양할 때 만족감이 더 클 것 같지만, 실제는 그렇지 않다. 선택 대상이 적을 때 만족감이 더 큰 경우도 많다. 선택할 수 있는 대안이 많을 때는 자유와 편의를 의미하지만, 버릴 대안도 늘어나는 것에 대한 아쉬움도 크다. 다양한 대안이 제시될수록 "다른 것을 선택하면 더 좋지 않을까?"에 대한 고민이 깊어지고, 선택했음에도 확신이 없어 미련이 클 수 있다. "선택할 대상이 많으면 초반에는 행복 곡선이 상승하다가 그 대상이 일정 수를 넘으면 만족도는 더 올라가지 않고 마음이 불안해진다는 연구 결과도 있다."(『선택의 조건』, 바스카스트 지음, 정인회 옮김, 한국경제신문)

우리는 대개 선택의 폭이 좁을 때는 만족감이 떨어지더라도 크게 망설임 없이 원하는 것을 선택한다. 선택할 대상이 많고 그중에 내가 선택할 것이 하나라면 포기하기도 쉬워진다. 요즘 같이 풍요로운 세상에서 행복하지 않은 이유가 바로 여기에 있는 것 같다. 일에서도 삶에서도 우리는 수많은 선택의 갈림길에 서게 된다. 때로는 욕심을 부려야 할 필요도 있지만, 욕심을 버리고 마음을 비울 때만이 진정한 행복감을 느낄 기회는 더 많은 것 같다.

생활 환경이 풍요로워짐에 따라 편안하고 여유로운 삶을 살 것으로 기대하지만 현실은 그렇지 않다. 직장에서 승진하고 남들이 부러워할 만큼 출세했지만, 책임질 일은 더 늘어나 신경 쓸 것도 많고 이런저런 이유로 술자리도 늘어나 가정은 더 소홀해진다. 그러면서 가족과 함께할 시간은 줄고 몸도 마음도 망가지면서 건강보조식품을 한 주먹씩 먹곤 한다.

한 번의 선택이 인생을 좌우할 만큼 개인이 감당해야 할 책임감이 큰 시대에 살고 있는 것이다. 취업이 간절하다고 해서 아무 직업이나 선택할 수는 없다. 설령, 그렇게 들어간 직장에서

하는 일이 자기 취향에 맞을 리도 없겠지만, 직장 분위기나 상사와의 마찰로 퇴직을 고민할 수도 있다.

지금 다니고 있는 직장도 처음 취업했을 때는 좋은 직장에 들어갔다고 주변에서 축하해 주었다. 하지만, 시간이 갈수록 신경 쓸 것이 많고, 인사 평가는 생각만큼 안 나오고, 승진에도 밀리면서 처음 출근했을 때의 설렘과 다짐을 잊은 지 오래다. 그러면서 불안과 스트레스가 쌓이고 자신이 하고 싶은 일이 뭔지도 모르고 살아가고 있는 청춘도 있다. 지금 다니고 있는 직장에 적응하지 못하고 "여기는 나와 맞지 않는 것 같다"면서 새로운 직장을 알아보기 위해 오늘도 취업 정보를 찾아다니며 고민하는 직장인도 많다.

2018년 7월부터 워라밸이 본격적으로 시행되면서 일과 삶의 균형을 맞추기 위해 노력하는데, 현실은 쉽지 않다. 퇴근 시간에 하던 일을 멈추고 퇴근할 수 있을 만큼 여유롭지도 않다. 그러면서 우리는 뭔가 하지 못했을 때 '바빠서'라는 말을 많이 한다. 왜 우리는 이렇게 바쁘게 살아야 하는가? 컴퓨터 인터넷망은 전 세계에서 가장 빠른데 조금만 이상이 있으면 답답해하고, 바쁘게 일하면서도 휴대폰 메시지는 꼬박꼬박 달아야 하고, 직원들끼리 주고받는 사내 메신저도 일일이 대응한다. 그렇게 바쁘게 하루를 보냈는데 퇴근길 엘리베이터에서 만난 옆 부서 직원 가방엔 서류 뭉치가 가득하다. 아침부터 저녁까지 일하고도 집에 가서 더 하겠다고 서류를 들고 퇴근한다.

한편으론 '저 서류 집에 가서 볼 수 있을까?'라는 생각이 든다. 하던 일을 마저 끝내야 한다는 심리적 불안감에 서류를 챙겨 가지만, 막상 집에 가면 서류를 펼쳐 놓고 일하기 쉽지 않다. 집에서는 또 집안일이 있고, 피곤이 몰려와 휴식과 졸음이 나를 기다리고 있기 때문이다. 필자도 해 봐서 안다.

등산할 때, 힘들게 오른 정상에서의 풍광은 올라올 때까지 힘들었던 것을 다 날려 버릴 만큼 멋지다. 중간에 힘들다고 올라가지 않았다면 이 멋진 풍광은 결코 볼 수 없을 것이다. 우리 삶 역시 힘든 만큼 성취감과 행복을 만끽할 수 있다. 그런데, 정상에서만 볼 수 있는 그 풍광을 보고 싶어 하면서도 힘들어 가지 않겠다고 하는 것은 옳지 않다. 더군다나 정상에 올라가 일행과 함께 먹기 위해 준비한 간식과 음료수마저 무겁다고 내려놓고 올라왔다면 아쉬움은 더 클 것이다.

누군가 "왜 사느냐?"고 물어보면 "행복하기 위해서"라고 말하면서 힘들고 어려운 것은 하기 싫어 한다. 우리 삶은 힘든 것을 극복해야 행복이 찾아오기 때문에 힘들다고 포기할 것이 아니라 반드시 이겨내야 한다.

정년이 얼마 남지 않은 시점에서 이 책을 완성할 수 있어 다행스럽게 생각한다. 그동안 두 곳 연구원에서의 활동이 지금의 나를 완성할 수 있을 만큼 받은 것도 배운 것도 많다. 때로는 포기하고 싶은 힘겨운 순간도 있었지만, 그 순간을 딛고 일어서게 한 것도 지금의 직장이고 함께한 구성원들이 있었기 때문이기에

무한한 감사를 느낀다.

　직장생활에 경륜이 쌓이면 쌓일수록 필자의 모습이나 습관, 태도, 정신세계를 갖게 해 준 부모님께 감사드린다. 그 외에도 감사한 것이 몇 가지가 있다.

　첫 번째는 필자가 일할 수 있도록 컴퓨터 세팅이나 프로그램 장착, 책상, 의자, 주차, 각종 사무용품 등 우리가 일하고 생활할 수 있도록 각종 시스템과 환경을 적절하게 제공해 주신 분들께 감사드린다. 특히, 같이 사는 공간이지만 우리보다 훨씬 열악한 환경에서 일하고 계신 환경미화원 여사님이나 건물 관리하시는 분들께도 감사드린다.

　두 번째는 선배나 팀장, 부서장 등 부족한 필자를 성장할 수 있도록 코치해 주고 결과를 인정하고 지지해 준 분들이 있었기 때문이다. 필자가 가는 길을 먼저 지나가신 많은 선배가 있었기에 지금의 필자 모습이 만들어졌다고 생각한다. 그분들께 진심으로 감사드린다.

　세 번째는 바로 옆에 있는 동료나 후배들이다. 처음엔 "나만 잘하면 되지, 나만 평가 잘 받고 승진하면 되지"라는 생각을 했던 때도 있었는데, 지나고 보면 단 하루도 동료들이 없었다면 "할 수 있었을까?" 하는 생각이 들기도 한다. 불만을 얘기해도 다 들어준 동료들이 있었기에 가능했다고 생각한다.

　그렇게 35년이 지나고 보니 그분들의 소중함을 알겠다. 마음을 다해 감사드리고 싶다. 그분들이 있었기에 멋지게 은퇴하게 된 것 같아 감사하다.

인생 이모작을 위해 많이 준비했다고 생각하지만 늘 부족한 것 같고, 늘 불안한 것도 사실이다. 그 부족한 것을 채우기 위해 다양한 사람을 만나고 다양한 활동을 하면서 어느 정도 준비가 된 것 같지만, 끝까지 자만하지 않고 나의 길을 갈 것이다. 그것만이 국가로부터 받은 관심과 사랑에 대한 보상이라고 생각하면서 나의 지식과 능력을 후배들과 사회에 환원하는 삶을 살기 위해 더욱 더 노력하고 싶다.

2025년 공공기관 현황(331개) 출처: 기획재정부 2025. 1. 21. 기준

구 분		주무기관	(주무기관) 기관명
공기업 (31개)	시장형 공기업 (14개)	산업자원부 (11개)	한국가스공사, 한국남동발전㈜ 한국남부발전㈜, 한국동서발전㈜ 한국서부발전㈜, 한국석유공사 한국수력원자력㈜, 한국전력공사 한국중부발전㈜, ㈜강원랜드 한국지역난방공사
	준시장형 공기업 (17개)	국토교통부 (3개)	인천국제공항공사, 한국공항공사 한국도로공사
		기획재정부	한국조폐공사
		문화체육 관광부	그랜드코리아레저㈜
		농림식품부	한국마사회
		산업자원부 (5개)	㈜한국가스기술공사, 한국광해광업공단 한국전력기술㈜, 한전KDN㈜, 한전KPS㈜
		환경부	한국수자원공사
		국토교통부 (6개)	제주국제자유도시개발센터, 주택도시보증공사 한국부동산원, 한국철도공사 한국토지주택공사, 주식회사 에스알
		해양수산부	해양환경공단
		방송통신 위원회	한국방송광고진흥공사
준정부 기관 (57개)	기금관리형 (12개)	문화체육 관광부	국민체육진흥공단
		산업자원부	한국무역보험공사
		복건복지부	국민연금공단

구 분		주무기관	(주무기관) 기관명
준정부 기관 (57개)	기금관리형 (12개)	고용노동부	근로복지공단
		중소기업부 (3개)	기술보증기금, 소상공인시장진흥공단 중소벤처기업진흥공단
		금융위원회 (4개)	신용보증기금, 예금보험공사 한국자산관리공사, 한국주택금융공사
		인사혁신처	공무원연금공단
	위탁집행형 (45개)	기획재정부	한국재정정보원
		교육부	한국장학재단
		과학기술부 (6개)	(재)우체국금융개발원, 우체국물류지원단 한국방송통신전파진흥원, 한국연구재단 한국인터넷진흥원, 한국지능정보사회진흥원
		외교부	한국국제협력단
		행정안전부	한국승강기안전공단
		보훈부	한국보훈복지의료공단
		문화체육 관광부	한국관광공사
		농림수산 식품부(3개)	축산물품질평가원, 한국농수산식품유통공사 한국농어촌공사
		산업자원부 (10개)	대한무역투자진흥공사 한국가스안전공사 한국산업기술진흥원 한국산업기술기획평가원 한국산업단지공단, 한국석유관리원 한국에너지공단, 한국원자력환경공단 한국전기안전공사, 한국전력거래소

구 분		주무기관	(주무기관) 기관명
준정부 기관 (57개)	위탁집행형 (45개)	보건복지부 (3개)	건강보험심사평가원 국민건강보험공단 한국사회보장정보원
		환경부(4개)	국립공원공단, 국립생태원 한국환경공단, 한국환경산업기술원
		고용노동부 (4개)	한국고용정보원, 한국산업안전보건공단 한국산업인력공단, 한국장애인고용공단
		국토교통부 (4개)	국가철도공단, 국토안전관리원 한국교통안전공단, 한국국토정보공사
		해양수산부	한국해양교통안전공단
		공정관리 위원회	한국소비자원
		경찰청	한국도로교통공단
		산림청(2개)	한국산림복지진흥원 한국수목원정원관리원

구 분	주무기관	(주무기관) 기관명
기타 공공기관 (243)	국무조정실 (25개)	경제 · 인문사회연구회, 과학기술정책연구원 건축공간연구원, 국토연구원 대외경제정책연구원, 산업연구원 에너지경제연구원, 정보통신정책연구원 통일연구원, 한국개발연구원 한국교육개발원, 한국교육 과정평가원 한국교통연구원, 한국노동연구원 한국농촌경제연구원, 한국법제연구원 한국보건사회연구원, 한국여성정책연구원 한국조세재정연구원, 한국직업능력연구원 한국청소년정책연구원, 한국해양수산개발원 한국행정연구원, 한국형사 · 법무정책연구원 한국환경연구원
	기획재정부 (2개)	한국수출입은행 한국투자공사
	교육부 (22개)	강릉원주대학교치과병원, 강원대학교병원 경북대학교병원, 경북대학교치과병원 경상국립대학교병원, 국가평생교육진흥원 동북아역사재단, 부산대학교병원 부산대학교치과병원, 사립학교교직원연금공단 서울대학교병원, 서울대학교치과병원 전남대학교병원, 전북대학교병원 제주대학교병원, 충남대학교병원 충북대학교병원, 한국고전번역원 한국교육학술정보원, 한국보육진흥원 한국사학진흥재단, 한국학중앙연구원

구 분	주무기관	(주무기관) 기관명
기타 공공기관 (243)	과학기술부 (15개)	(재)우체국시설관리단 (재)한국우편사업진흥원 과학기술사업화진흥원, 국립광주과학관 국립대구과학관, 국립부산과학관 기초과학연구원, 연구개발특구진흥재단 정보통신산업진흥원, 한국과학기술기획평가원 한국과학창의재단, 한국나노기술원 한국데이터산업진흥원 한국여성과학기술인육성재단 한국원자력의학원
	외교통상부	한국국제교류재단
	통일부 (2개)	(사)남북교류협력지원협회 북한이탈주민지원재단
	법무부 (3개)	대한법률구조공단 정부법무공단, 한국법무보호복지공단
	국방부 (3개)	국방전직교육원 전쟁기념사업회 한국국방연구원
	행정안전부 (2개)	(재)일제강제동원피해자지원재단 민주화운동기념사업회
	보훈부 (2개)	88관광개발㈜, 독립기념관

구 분	주무기관	(주무기관) 기관명
기타 공공기관 (243)	문화체육 관광부 (30개)	(재)예술경영지원센터, 게임물관리위원회 국립박물관문화재단, 국립아시아문화전당재단 국제방송교류재단, 대한장애인체육회 대한체육회, 스포츠윤리센터, 세종학당재단 영상물등급위원회, 영화진흥위원회 예술의전당, 재단법인 국악방송 태권도진흥재단, 한국공예디자인문화진흥원 한국도박문제예방치유원, 한국문학번역원 한국문화관광연구원 한국문화예술교육진흥원 한국문화예술위원회, 한국문화정보원 한국문화진흥㈜, 한국언론진흥재단 한국영상자료원, 한국예술인복지재단 한국저작권보호원, 한국저작권위원회 한국체육산업개발㈜ 한국출판문화산업진흥원, 한국콘텐츠진흥원
	농림수산 식품부 (8개)	가축위생방역지원본부, 국제식물검역인증원 농림수산식품교육문화정보원 농림식품기술기획평가원, 농업정책보험금융원 한식진흥원, 축산환경관리원 한국식품산업클러스터진흥원
	산업자원부 (14개)	대한석탄공사, 재단법인 한국에너지재단 무역안보관리원, 한국디자인진흥원 한국로봇산업진흥원, 한국산업기술시험원 한국세라믹기술원, 한국에너지기술평가원 한국에너지정보문화재단, 한국전력국제원자력대학원대학교, 한국제품안전관리원 한국탄소산업진흥원, 한전MCS 한전원자력연료주식회사

구 분	주무기관	(주무기관) 기관명
기타 공공기관 (243)	보건복지부 (24개)	(재)한국보건의료정보원, 국가생명윤리정책원 국립암센터, 국립중앙의료원 대구경북첨단의료산업진흥재단 대한적십자사, 아동권리보장원 오송첨단의료산업진흥재단 의료기관평가인증원 재단법인 한국공공조직은행 재단법인 한국자활복지개발원 재단법인 한국장기조직기증원 한국건강증진개발원, 한국국제보건의료재단 한국노인인력개발원, 한국보건복지인재원 한국보건산업진흥원, 한국보건의료연구원 한국보건의료인국가시험원 한국사회복지협의회, 한국생명존중희망재단 한국의료분쟁조정중재원, 한국장애인개발원 한국한의약진흥원
	환경부 (6개)	국립낙동강생물자원관, 국립호남권생물자원관 수도권매립지관리공사, 한국상하수도협회 한국수자원조사기술원, 한국환경보전원
	고용노동부 (7개)	건설근로자공제회, 노사발전재단, 학교법인한국폴리텍, 한국고용노동교육원 한국기술교육대학교, 한국사회적기업진흥원 한국잡월드
	여성가족부 (5개)	한국건강가정진흥원 한국양성평등교육진흥원 한국여성인권진흥원 한국청소년상담복지개발원 한국청소년활동진흥원

구 분	주무기관	(주무기관) 기관명
기타 공공기관 (243)	국토교통부 (16개)	건설기술교육원, 공간정보품질관리원 국립항공박물관, 국토교통과학기술진흥원 새만금개발공사, 자동차손해배상진흥원 재단법인 대한건설기계안전관리원 주택관리공단㈜, 코레일관광개발㈜ 코레일네트웍스㈜, 코레일로지스㈜ 코레일유통㈜, 코레일테크㈜ 한국도로공사서비스㈜, 항공안전기술원 한국해외인프라도시개발지원공사
	해양수산부 (15개)	국립해양과학관, 국립해양박물관 국립해양생물자원관, 부산항만공사 여수광양항만공사, 울산항만공사 인천항만공사, 한국수산자원공단 한국어촌어항공단, 한국항로표지기술원 한국해양과학기술원, 한국해양수산연수원 한국해양조사협회, 한국해양진흥공사 해양수산과학기술진흥원
	중소기업부 (8개)	㈜공영홈쇼핑 신용보증재단중앙회 재단법인 장애인기업종합지원센터 중소기업기술정보진흥원 한국중소벤처기업유통원 중소벤처기업연구원 창업진흥원 한국벤처투자
	공정위원회	한국공정거래조정원
	금융위원회 (3개)	서민금융진흥원 중소기업은행 한국산업은행

구 분	주무기관	(주무기관) 기관명
기타 공공기관 (243)	방송통신 위원회	시청자미디어재단
	원자력안전 위원회 (3개)	한국원자력안전기술원 한국원자력안전재단 한국원자력통제기술원
	식품의약품 안전처 (5개)	식품안전정보원, 한국마약퇴치운동본부 한국식품안전관리인증원 한국의료기기안전정보원 한국의약품안전관리원
	관세청	한국원산지정보원
	통계청	(재)한국통계정보원
	재외동포청	재외동포협력센터
	방위사업청 (2개)	국방과학연구소 국방기술품질원
	소방방재청	한국소방산업기술원
	국가유산청	국가유산진흥원
	농업진흥청	한국농업기술진흥원
	산림청 (3개)	한국등산 · 트레킹지원센터 한국임업진흥원, 한국치산기술협회
	특허청 (6개)	한국발명진흥회, 한국지식재산보호원 한국지식재산연구원, 한국특허기술진흥원 한국특허전략개발원, 한국특허정보원
	기상청 (3개)	(재)차세대수치예보모델개발사업단 아시아 · 태평양경제협력체기후센터 한국기상산업기술원

당당한 공직자, 똑똑한 직장인

힘드니까
월급 준다